U0455102

imaginist

想象另一种可能

理
想
国
imaginist

木心上海往事

铁戈 著

上海三联书店

图书在版编目（CIP）数据

木心上海往事/铁戈著.—上海：上海三联书店，
2020.5

ISBN 978-7-5426-7010-6

Ⅰ.①木… Ⅱ.①铁… Ⅲ.①木心（1927-2011）—
生平事迹 Ⅳ.① K825.6

中国版本图书馆 CIP 数据核字 (2020) 第 053641 号

木心上海往事

铁戈 著

责任编辑 / 殷亚平
特约编辑 / 田南山
制　　作 / 陈基胜　马志方
监　　制 / 姚　军
责任校对 / 张大伟

出版发行 / 上海三联书店
　　　　　（200030）上海市漕溪北路331号A座6楼
邮购电话 / 021-22895540
印　　刷 / 山东韵杰文化科技有限公司

版　　次 / 2020 年 5 月第 1 版
印　　次 / 2020 年 5 月第 1 次印刷
开　　本 / 787mm×1092mm　1/32
字　　数 / 140千字
图　　片 / 42幅
印　　张 / 10.5
书　　号 / ISBN　ISBN 978-7-5426-7010-6/K・577
定　　价 / 59.00元

如发现印装质量问题，影响阅读，请与印刷厂联系调换。

木心（1927—2011）

呈现艺术，退隐艺术家。

——木心

1931到1932年间,孙璞和爸爸、妈妈、大姐姐、小姐姐在一起(木心美术馆提供)

一九四六年元旦美展留念

十九岁时的木心（左，木心美术馆提供）

木心留影（木心美术馆提供）

七十年代末的木心（木心美术馆提供）

目 录

序 言

2006 年秋，木心决定归来定居，我陪他从纽约飞回，转道上海，入住沪西衡山宾馆。第二天上街缓缓走了一圈，记得是在宾馆对过吃的夜饭。

那年木心七十九岁，虚静，老迈，哪也不想去，更不提见谁。翌日车出沪西，入浙江地界，我在路边买了菱角，剥一枚递给他，他喃喃地说，味道对的，便不再吃。我于是管自大嚼，转眼看，他已靠着椅背睡了。

少小离家五十年，那天夜里落宿故里，此后直到逝世，木心再没来过上海。

倒数上去，1994 年岁阑他独自返沪那一回，六十七岁，身体尚健，在他虹口区小小旧寓逍遥一个多月。其时他长别中国十二载，思乡心切，过江去到浦东，又悄悄回了乌镇，之后整页地写信给我，说年轻时教过书的浦东中学还在，旧门窗对着他"眉目传情"，又说混在桐乡开往乌镇的汽车里，偷听周围的乡音，"句句懂"……回纽约那天我去机场接他，说不几句，他就目灼灼得意起来：

　　　不停不停写呀，写了一百十几首诗……

　　木心写诗作文不肯标注写作地点，甚至不注年份，迄今我不知他诗集中哪些首是那年写在上海。便是写在上海，也可能如他一贯的旨趣：忽而人在丹麦，忽而去了西班牙。

　　其实他的履历再简单不过：童年少年，在浙江，晚年暮年，在纽约。从1946年考入上海美专到1982年去国，他的青年期、壮年期，整三十六年，全在上海。暮年归里，老家不剩半个亲友，不言而喻，他一生交往最为密集的朋辈，不在别处，都在上海。

　　"人说视死如归，我是视归如死呀。"回来前，木心这样地自言自语。真的，那天我眼瞧他瞌睡着，告别了上海。

　　木心的身后名，是个隐士。这印象并非全错：他没家室，一辈子确乎经年累月藏藏好，独自过日子，上海话叫作"一介头烧烧确确"——沪语即"一个人烧烧吃吃"——然而唯其孤身，他老来的记忆便是故交。想想看，有谁从十九岁到五十五岁久居一地而没有朋辈呢？

　　但除了追忆林风眠、席德进，还有《同情中断录》里那伙艺专同学，大部分故旧不入他的文章。譬如李梦熊吧，还有一帮子与他同辈的画家，包括单位弄堂里对他曾有善意的晚生，他都在我跟前反复念叨过——说起时，带着老人回忆往事的微微笑意，忽而来一句刻薄而亲昵的戏语——但他从未起意写写。在他那里，文学与个人际遇，俨然分开的。

他也果真践行福楼拜那句话："呈现艺术，退隐艺术家。"在他书中，你找不到他在上海的半辈子行状：遭了哪些罪，有过哪些愉悦？和谁交往，如何交往？暮年接受纽约人的影像采访时，他终于说出调皮的实话："艺术家真要隐藏吗——他要你来找他呀！"

一年后他就死了。随即，早年他写给画家陈巨源的文言信，被发在网上。这就是有人"找"他的信号：他不但有熟腻的沪上老友，且是深度交情，不然以七十年代的环境，谁会用郑重的美文致书友人？他的遗稿，便是用连圆珠笔写写信也要誊抄好几遍，改了又改，而况一份毛笔书写的文言信。

前年，陈氏将原件慷慨捐给美术馆，并说出此信的原委：那是当年尚未解除监控的木心私下示画于众人，事后给陈氏的回复。事情变得有意思了：在场的"众人"还有谁，审慎如木心，何以"戴罪"期间居然相信他们？他是深谙"交浅"不宜"言深"的人，而这封文言信岂止"言深"，我读了，不禁偷笑：好啊，原来木心也有过这般动心动情、吐露衷肠的时刻。

"如果以为创造力强的作家都是躲在阁楼上的人，那就大错特错。"英国作家毛姆曾经这样写道，"伟大的作家都是相处愉快的人，他们活力十足，可说是有趣的伙伴，讲起话来滔滔不绝，其魅力足以感染每一个与之接触的人。他们具有惊人的享受能力，热爱生活中美好的事物……"

说得对吗？我所记得的木心正是这样的角色：活力十足，滔滔不绝，美衣、美食，百般计较。至于是否"相处愉快"，或许看人吧，但我带去见他的每个朋友，哪怕只会一面，都会惊异于他率直而警策的话语，或被他逗到爆笑、瘫倒……

也许到纽约后，木心确乎与上海的那个"孙牧心"有所不同。但人的天性，藏不住、装不久——而他何止是个"有趣的伙伴"——我们谁都见过不事交际、情商低下的孤家寡人，木心，绝对的不是。便是藏身最严、约见最难的张爱玲，我们读她几次会友的实录，也都言笑晏晏，应对如流。

铁戈，上海人，早年习诗，中年后既是学者，也是画家，七十年代认识木心，结下了忘年之交。我认识了这位木心的上海老朋友，现在，由他凭记忆苦心写下的这本书，当年"孙牧心"与之往来的友朋的群像，逐一浮现了：

钢琴家金石，作家徐永年、周捷夫妇，画家陈巨源、陈巨洪兄弟，画家潘其流、王元鼎、唐焘、梅文涛等，以及被木心称为恩人的工艺美术口领导胡铁生先生、其子胡晓申。

多吗？以木心交友之慎，不很多。还有吗？应该还有——五十年代青年木心在浦东教书，六十年代初入工艺美术系统，他想必另有若干老朋友——但以铁戈当年走动的小小圈子，眼前这本书详细追述了许多故事，有悲剧，有言笑，有冷场，有饭局，还有，如金石这位才子所称的"深藏不露"，书中写出了众人对木心的持久疑惑。

眼下大家都老了。胡铁生、徐永年、潘其流，均已故去。其中，潘其流是林风眠弟子，五十年代，是他陪木心走进林先生的画室。其余人呢，譬如金石先生，那个年代初在学生家私下演奏，木心听毕亲笔以词相赠，竟引出祸端，之后，又有朋友梅文涛先生亲见木心迫在单位掏洗阴沟，被认出的木心迅速闪避目光，低下头去……

七十年代中期，当木心尚未被解除监禁、社会上稍许松动的那些日子，就是这群人与木心时相过从，在各自的私宅弄菜聚餐，当木心捧来他那些如今挂在美术馆的小画，就摊开在某家的床单上。匮乏而压抑的年代，人性、友情，另有一套活跃的密码，运行不息。在铁戈的回忆中，那段日子或许比相对自由的年代，更其乐融。

初识木心的人，都会看出这位上海绅士不好相与，熟识后，也会体察，在那一时代的种种际遇中，他必有处处审慎的缘由。如今的上海人如何识面而交往，我是不知道了，我所记得的老上海，彼此一打量，便都"心里有数"的。

而"有数"之后的照样往来，如今，便是铁戈这本书。书中人此后再没见过木心——除了徐永年的公子徐星宇偕同画家陈巨源于 2010 年去到乌镇，那时木心已八十三岁——他们远远地惦念他，打听他在域外的行状，传阅他的文集与诗集，他们知道这位老朋友绕过上海，归去老家，不曾知会任何故旧，最后，仅在报刊与网络上，获知了木心的葬礼。

我也是到木心的葬礼之后，才从他遗物中发现几枚老照片，照片中站着青年与中年期意气洋洋的孙牧心，那个与书中人走动交往的家伙——我不明白为什么他生前不肯给我看他自己的旧照，他的故旧可能也不明白：为什么孙牧心一走之后，再不与老友见面。书信联系，倒未绝断，在遗存的信稿中有他和徐永年夫妇的通信，还有写给永年的旧体诗，一改再改，誊抄数次，散在不同的页面中。

他正式归来的前一年，2005 年，我曾陪他去乌镇看接近完工的故居，之后去杭州两天。车近西湖，提醒他，他望向窗外，轻声道："喔哟，旧情人呀……"随即扭头和我继续说话。以我和木心的常年厮混，我发现他念旧，但不怀旧，他心里存着所有往事和故人，唯管自走向终点，并不回头。

铁戈或许也在书写中试着了解他记忆中的孙牧心。的确，他很难让人忘记，也很难让人明白。这本书总算使爱木心的读者看到另一个版本，一个曾长期寄身上海，即便在腻友的家宴和欢谈中，仍然"深藏不露"的人。

2019 年 6 月 11 日

陈丹青写在北京

引言

想写《木心上海往事》，既是长期来的心愿，也是反复衡量后的决心，不敢贸然，也非偶然。

古希腊哲学家赫拉克利特曾说："人不能两次踏进同一条河流。"

如果将木心比作一条河，随着时空的变化，无论谁也无法再次跨进这同一条河。现在的我看从前的木心，同从前的我看从前的木心已难相同，更何况木心生性极难捉摸，时隐时现，始终深藏不露。

现在人们看到的木心，都只是他露出水面上的冰山一角。

木心一生中有两大主要时期，一是上海时期，即1947年从故乡乌镇走出，来到上海的这一阶段，直至1982年远去纽约，历时三十五年之久。二是在纽约时期，直至2006年回到故乡乌镇定居，历时约二十四年。

木心曾称上海是自己的第二故乡。上海时期的木心，是他一生中最为动荡起伏、历尽磨难的时期，也是他个人在精神上趋于完善、魂牵梦萦、居住最久的时期。

在这一时期里，木心默默无闻，整个文学界没有他的片语只字，无人知晓木心的存在。当木心的作品"从天上掉下来"，他却人在纽约，读者几乎无人能见到。始终隔着。当他回到国内，幽居乌镇，见者寥寥无几，屈指可数。

当前国内外大量研究木心的作者，以及崇敬木心的读者们所熟悉的，基本上是纽约时期的木心、木心在纽约时期完成和发表的作品，以及木心在生命后期国内出版的作品，绝大多是从文字中理解了木心，欣赏着木心。迄今为止，主要因陈丹青的介绍和描绘，人们所熟悉的木心，大致停留在木心的纽约时期，但对上海时期的木心基本上还是一片空白。

因种种时代的机缘，我结识了上海时期的木心，并有难得的忘年之交。

在这段上海时期里，木心结交了许多朋友，从某种程度上来说，这是他精神生活中不可或缺的一部分。如丹青所言："不言而喻，他一生交往最为密集的朋辈，不在别处，都在上海。"正是在上海，木心同朋友之间交往最频、饮酒聚餐最多、恩恩怨怨或推心置腹甚而深夜密谈或手书墨笔互赠诗词最多。

当时同木心密切交往的朋友们，都比木心年轻，而我比他们还小一辈，极个别在世的朋友，至今密切往来。也正因为我最年轻，随着年龄的增长，许多差距逐渐消失，当时年龄上的不足，现今相比之下，反而显得是一份无可替代的优势，同时因着自己恰巧在写作和绘画等艺术上有些小小的追求，若比较全面地撰写上海时期的木心和有关的回忆，寻觅木心在生活和精神上的轨迹，有对木心本人的感情，还恰巧是上海人，是各种机缘的汇集。不敢说舍我其谁，只能说当仁不让。

对我来说，这既是难以回避的驱使，又是巨大的压力。几年前曾经写过一篇《木心上海剪影》，发表在"财新周刊"，也仅是一个速写，浮光掠影。真要写，能写出内在的深藏不露的木心，从记忆中探索他精神世界的轨迹，超脱个人的情感，不是一件轻而易举的事。越写到后面，越感到重负。

迄今为止，绝大多数欣赏木心、热爱木心、研究木心的人，几乎都没有见过上海时期的木心，对于他们来说，木心近在咫尺，远在彼岸。从远处看木心，比木心从远处看彼岸的古希腊人更为朦胧、神谧、遥远，因距离产生唯美，由遥远引发遐想。

本书《木心上海往事》既不是木心的传记年表、烦琐考证，也不是空对空的抽象高论，我所能做的，仅仅是记叙从前的木心在上海时期的轨迹，回忆我自己同木心、木心同我的朋友们的交往，还原一个真实而生动的木心，弥补木心在上海这段时期的空白。

铁戈

上篇

上海时期木心的"情"与"缘"

一

木心在上海的许多朋友，是他在人生低谷的阶段所结识的，颇为丰富。即使在纽约时期相识相交的朋友，包括文学班的同学们，也多为上海人，可谓木心同上海情缘的衍生。

我这里所说的朋友，并非泛泛之交，也非庸碌之辈，同他都有过不同深度的交往，彼此欣赏和钦慕。尤其在他监督劳动期间，寒冷中相濡以沫、抱团取暖。

木心曾将朋友圈比作一个大花盆，因志趣相同、才情投合而结聚，大家把自己像花一样种到这个花盆里，相互辉映，互勉互爱，构成了这个大花盆的风景。

与众不同的是，木心有其性格，并没有将自己完全种在这个花盆里。如木心自己的评述："舐犊情深或相濡以沫，是一时之德权宜之计，怎么就执着描写个没完没了：永远舐下去，长不大？永远濡下去，不思江宽湖浚？"花盆再大，也容不了木心的江宽湖浚。

2011年的冬至前夕，木心于故乡乌镇逝世。在"木心先生治丧委员会"名单中，有以陈向宏为首的国内外各界人士。然而，其中除了木心的亲外甥王韦先生，没有一位在木心上海时期见过木心，也没在谁在那段时期听到过木心的名字，更不用说孙牧心。葬礼时为木心送行的其余几百人，和他此生并无交集，更多的是年轻稚嫩的脸，因为木心的文集才认识到这个曾被遗忘和忽视了的人。

与此同时，木心上海时期认识的亲密朋友，当时没有一位得知木心的过世，更没有一位赶到乌镇出席木心的葬礼，都是事后从报刊上得知木心在乌镇的家乡故世。

2015年木心美术馆开馆，年底12月，我去乌镇看了一下。到了美术馆，在图片上见到久别的木心和他的画，一番往事，涌上心头。美术馆听说我早年认识木心，予以热忱接待。直到离别美术馆时，我没留下自己的姓名电话。

后经朋友的转达，丹青方才得知，木心在上海还有包括我在内的多位朋友，于是立即同我联系上了，开始通信交流。次年丹青来上海，在大宁剧院恰有一次讲座，于是邀我开幕前见面，一起吃饭。虽然很想同他当面聊一些木心在上海的往事，但若真是见面吃饭，我还是犹豫不决了一个上午。当时我心理上确有一个障碍，怕见名人，怕他们在我面前有什么架子，而我同名人交往又实在不习惯仰视。这也是为什么此前那么多年来，我一直没寻找丹青的原因。为此我甚至同儿子商量究竟是否要去。毕竟是年轻人，建议我应该去见见。

打车将要到达那里，忽接一个电话，是陈丹青，开口上海话，打招呼说路上堵车，会迟到一些。待到两人一见面，隔膜全无。一坐下来吃饭，就急切地交谈起来，彼此毫无保留地聊起了木心。

上海时期的木心和纽约时期的木心，对于丹青和我来说，互为空白，好比两张图片，突然之间拼接了起来。

剧场满座，他在台上开讲木心美术馆建立的前后过程，中间插上了一句：今天邀请了一位特别的嘉宾，木心在上海的朋友。接着，就将躲在观众席里的我请上了台，让我随意地同听众们讲一会上海时期的木心。当我刚说"从某种意义上来说，没有陈丹青，就没有今天大家熟悉的木心"，吓得他立即捂住我的话筒："千万不能这么说！"台下一片笑声，接着是掌声。平心而论，我这话没有丝毫夸张。

因为木心，从此同陈丹青有所往来，一旦聊起木心，俩人不可收拾。也因为如此，才有今天我所写的《木心上海往事》。

二

大约 1985 年，一位在美国定居的朋友回国探亲时告诉我，从上海来了一位名叫"牧心"的作家，在华人圈里有些名气，发表好多文章，还出了一本书，文笔优美，封面雅致。当时的华人文化界里，几乎没有什么大陆来人在报章杂志上发表文章，何况"牧心"是从上海来的，俨然天外来客。作为上海人，我的朋友多少为此有些骄傲。我听后说："牧心？我认识，也是他的朋友。"她十分惊讶："过去怎么没听你说起过？"我当时没怎么回答，因为说来话长。

有幸认识木心，一是因当年他为数不多的朋友之中，有一位同他相识甚密的画家唐焘，又名唐友涛，是我小时的邻居，我们同住一栋独立的带有天井花园的小楼，地处虹口区的海南路。他一家住右厢楼上，我家在左厢楼下，由此认识了。唐焘比木心小十二岁左右，比我大八九岁。当时楼上另有一位邻居，我尊称为白家伯伯。对我与唐焘来说，他家犹如磁铁，晚上一有空我们就会情不自禁地去到他那里。数年后见到木心，我常会想起白家，不仅因他俩相似的儒雅和俊美，及风格几乎相同的钢笔字，还有待我如长者般的亲切。同唐焘、白家他们一起，耳濡目染，无形之中有所熏陶，也更狂热地读起他们所藏所购的世界文学名著，开始同他们聊了起来。日常时久，我也大了许多，彼此如朋友般交往，长幼不分。

有趣的是，那时我的记忆力特强。有一次唐云送白家伯伯一幅浙江吴兴风景的山水画，挂在墙上，画中有一首诗，我只是顺眼看了一遍，竟能当着他们的面一字不漏地背了出来。因此获得小小的赞赏，真有点受宠若惊。

还在六十年代时，唐云家中就常常高朋满座，济济一堂。相对来说，他的住处比其他朋友家宽舒许多，聚会的容积也就大一些，一旦会聚，他家就像个小小的舞台，众人各显神通，饮酒赋诗，挥笔作画，或高谈阔论，或高歌吟唱，从肖邦、莫扎特、帕瓦罗蒂的协奏曲或咏叹调，到舒伯特或俄罗斯民歌，从巴尔扎克、托尔斯泰、莫泊桑到唐诗宋词，从京剧的《空城计》《四郎探母》到苏州评弹，兴致一起，各种乐器都会来上一曲，不一而足。说不上谈笑皆鸿儒，至少也往来无白丁，个个自觉兰亭雅集。因为如此，凡唐云的朋友，包括其中的木心，也很自然地都认识了，日后也都成为好友。

木心进到这一朋友圈后，每次聚会，总是穿着出众，不是西式夹克，就是高领风衣，风度翩翩，相比之下，其他朋友们在穿着上都很质朴，绝大多数都循规蹈矩，而木心始终在形象上显得格外引人注目，确有天外来客的风度，为众友倾服。木心比大多朋友年长十岁左右，在这圈里，他无疑学识最为渊博，见解超群出众，深受每一位的敬重，谁有什么写作，或绘画作品，都会请他做权威评价，并引以为荣。当时朋友之间都直呼其名，称木心为孙牧心，至今老朋友交谈时提起他来，依然这么称呼，否则反显别扭。

当年不仅是我，几位朋友也都欣赏"孙牧心"这个名，一个"牧"字，其雅，在于众人之上，同他的形象与风度很为符合。直至如今，感觉依然。

"孙牧心"是木心使用时间最长的名，将近大半生。自四十年代中期到杭州、上海求学后开始，在整个上海时期，包括刚到美国的初期，都使用这个正式名。

至于木心，据《文学回忆录》中，1989 年 8 月 27 日给学生做《诗经续谈》讲座时提道："古说'木铎有心'，我的名字就是这里来。"

《联合文学》编者曾问："为何取名'木心'？（是不是'木人石心'之意？）是否方便公布'本名'？"

木心的回答很木心："孙，东吴人氏，名璞，字玉山。后用'牧心'，'牧'字太雅也太俗，况且意马心猿，牧不了。做过教师，学生都很好，就是不能使之再好上去：牧己牧人两无成，如能'木'了，倒也罢了。"

此话在我听来，并非木心不喜欢这个"牧"字，乃是来到纽约不久颇有失落之感，"牧己牧人两无成，如能'木'了，倒也罢了。"

如今"牧"心已"木"，不可更改，我也就入乡随俗，前前后后，跟着称"牧心"为"木心"了。好在读音没变。

木心在圈内交友甚为谨慎，而且十分挑剔。进入他视野认可为朋友，首先他得认为其人品可靠，对己不会有什么伤害，同时确信"相由心生"，认为人是可以貌相的。木心曾学过看相，因此也常以貌取人。其次，在艺术上，如音乐、绘画、演奏、学识等方面是否有一技之长，毫无功利气味。

回顾起来，这一朋友圈实是特定时期年轻一代海派文化的潜流，也是那个年代冷寒中的避难所。用现代语来说，好似抱团取暖。凡这圈里的朋友，无不烙有相同的印痕。木心也不例外。所谓相同的印痕，回顾起来，大致上都崇尚独善其身，个性张扬，努力进取，说不上出世的达观，却多有入世的乐观。当时西方哲人的著作，如柏格森的生命哲学、尼采的超人思想、叔本华的唯意志论等等中译本，常在朋友中传阅、交流、激活，木心因读得最早最多，为朋友们所倾慕。无神论也是几乎所有朋友的共同特征，无一例外。木心之所以会时而对宗教发出他尼采式的狂言，同样也是对黄钟毁弃、瓦釜雷鸣、贤士无名的现实发出的感慨与愤懑。神之不神，人神颠倒，何来有神信仰？当年的木心视尼采为知己，那种睿智深刻的、散发性的、非逻辑非理性的表达方式，似乎最适宜木心的文采与性格。

朋友中热衷绘画的居多。各位所画作品，大多传统水墨山水花鸟，或竹林七贤达摩禅宗等，水彩油画雕塑亦无一不足，彼此相互交融，推心置腹，也提高了每位的艺术涵养。

一般来说，木心出外，或到朋友家中做客，聚餐喝茶，总是衣冠整洁，正襟危坐，不苟言笑，但酒意颇浓的时分，却也放松了起来。有时聚会，常会轮流说一笑话，增添乐趣。若某人的笑话精彩，木心也会前仰后合，笑得合不上嘴，并及时地习惯地将嘴掩住。当时的笑话与如今全然不同，大多从明清文人编撰的如《笑林广记》等故事中得来，略微添油加醋一番。那个躲在床底大喊男子汉说不出来就不出来的笑话，记得最牢。

因为个个有才，人人好胜，个性也极强，有时难免唯我独尊，都相信能凭着自己的才华来改变个人的命运。随着时间的推移，其中有好几位都谋求出国，成功者有之，落魄者也有之，大浪淘沙，在时代洪流中顺应命运沉浮起落。

当时除了钢琴家金石与木心年龄相近，其余的朋友同木心也就相差十岁左右，我年龄虽则最小，但彼此之间没有太大的差距，只是各有所长，深浅不同而已，大家聚在一起，良好的气氛，同纽约文学班同学们相聚的情景有点相似。那时一群大陆的，尤其上海，以及台湾地区的艺术家、作家们来到纽约，把他乡做故乡，聚在一起，也有抱团取暖的温馨感。但其中还是有较大的差别。一是木心同他们之间年龄上相差更大，彼时木心已经六十多岁，与同学们相比，少说也差三十左右。那些去美国留学的青年，日后大多为一代文化精英。但由于时代的断层，文化上不免有许多空白，更有艺术与智识上如饥似渴的求知欲，嗷嗷待哺。陈丹青曾回忆道，木心刚刚教他们的时候，惊讶地说："原来你们什么都不知道啊。"

此外，木心醉心音乐，六十年代就同当时著名的钢琴演奏家金石交友密切。金石与傅聪、李名强曾同在钢琴家俞便民那里学琴，他的父亲金武周先生，是二十世纪三十年代赴美留学的哲学博士，在燕京大学读研究生时，师从司徒雷登。其时燕京大学的校长司徒雷登正在编撰希汉字典，金武周先生就在他的办公室里放一课桌，常是司徒雷登办他的公，他学他的课。晚年的金武周先生曾回忆司徒雷登及当年燕京大学几位学者教授的往事，即嘱我笔录或整理。

由朋友介绍，我有幸拜金先生为师，学习英文，金先生单独教我多年。我是小辈，称金先生为伯伯，很长时期往来极密，视同家人，直至他老人家过世。因此关系，也就自然认识了金石，于是同木心多了一层忘年之交的关系。木心同金石的密切交往，在本书《破译木心的文言密码》一节里有所详述。

上海时期的木心并非生活在真空之中，朋友的交往不仅同他的精神生活交织在一起，也隐约地反映在他的字里行间，进入他的诗词格律之中。勾勒出这一幅有血有肉的轨迹图，木心也就显得不再那么遥远空泛。

我写木心，之所以先从当时的唐焘说起，不仅因为他是我当年的邻居，因他而自然地进入了这一小圈子，还因他同木心的另一朋友陈巨源一样，是这一朋友圈里的主要人物，都同木心深交。平心而论，唐焘当时对朋友们有很大的吸引力，甚至女性朋友，也多难抵挡他的魅力。那时没有粉丝一说，但有几位年轻貌美的女性朋友，常以拜他为师习画为名，取得接近的机会。唐焘虽引以为荣，却是君子一般。

大家已从公开发表的图片上一睹木心的风采，不必再述。但我这里还得举个例子：从风度到气概，当年的木心颇有魅力。一天他去唐焘家，我也在。同朋友间平时一样，事先也没招呼，刚拉开移门，木心见到座上有位陌生的年轻女子同唐焘聊天。按当时朋友的习惯，在这种场合下，一般来说都会彼此介绍一下新的朋友，随席而坐，不管在座的有没有女性，并不见外。

唐焘见到木心前来，甚喜，起立招呼相迎，木心却礼貌地表示歉意，随即告辞而去。

那位女子是唐焘的中学老同学，出身大家闺秀。木心一走，立即震惊地问道："刚才那位朋友是谁？一看就相貌不凡，过去怎么没听你说过？"听了唐焘对木心的介绍，她无法掩饰自己"惊鸿一瞥"的表情，滔滔不绝地赞美起木心留下的瞬间印象。

近看木心，给人最深印象的，是他的一双眼睛。不是说那眼睛怎么漂亮，而是一种时刻的警惕，敏感，难以捉摸，让人觉得里面藏着说不尽的故事。

往年木心的好友陈巨源曾经用文字回忆过当年交往的朋友，包括木心在内，每人的描述虽然篇幅极短，但较为生动地再现了当年朋友们交往的活跃情景，给了我的记忆不可多得的补充。下面他对唐焘的描绘之所以值得一提，是因为从中可见木心当年所在的朋友圈这个花盆，有着怎样的文化土壤，怎样的交往氛围，这也是从前的木心曾经沉浸着的生活。

陈巨源在自己的回忆文《斑驳人生》中，说道：

"在梅文涛家中，我们又结识了一位仪表不凡的人物。也是永年的朋友，叫唐焘。此人谈吐文雅，潇洒倜傥。不久他就邀请我们到他海南路的家中去玩，那是一幢西班牙式带雕花铁栏杆阳台的老房子，他家住二楼，父母房间和大哥一家两个房间都各带一个阳台。他住后间，条件不错。"

"他是学国画的，不知是师从唐云还是张大壮，几笔挥毫，嗖嗖生风，像是那么回事。朋友到他家里，一来比较宽敞，二来他是夜游神，多晚都没有关系，最主要的是他那里朋友多，再说他那里的气氛非常有味道，容易让人回味，所以常常就想到他那里去。"

"喝酒要有知己，所谓酒逢知己。我这一生酒知己除了元鼎（朋友中最早结识木心的王元鼎，后有详述）就是友焘，从二十几岁那时起，直到今天，三人喝起来还是最开心，尽管大家都已垂垂老矣。"

自从陈巨源在六十年代初认识唐焘以来，唐家就成为他经常的去处，同他的弟弟陈巨洪时时出现在他的酒桌上。巨源去唐家最多，酒也喝得最多，每当兴起，趁着醉意，就会高亢他最为拿手的《我的太阳》或《冰凉的小手》，有时不顾夜深人静，竟在阳台上唱了起来，惹得隔壁邻居抗议。

当年的朋友们难得聚在一起合个影，在一张好不容易发现

唐焘、梅文涛、陈巨源、徐永年合影（从右至左）

的六十年代旧照片中，都是当年同木心交往很深的朋友，都有许多值得一提的木心故事和回忆。右一就是唐秦，右二为梅文涛，右三即陈巨源，左一为徐永年。其中除了徐永年已经故世，其余三位都已进入耄耋之年。

木心无论怎样孤傲，毕竟也渴望被朋友肯定，被朋友友爱，同时也毫不掩饰地表达对朋友的友爱与肯定。这是真实的木心。有一次木心热诚邀请巨源等几位朋友看他的五十幅画，唐秦恰恰没有在场，当时众人不置可否，一时哑然，令木心黯然神伤，此后很久也不来往。但木心第二天就到唐秦家去，从纸盒里小心拿出画来，请唐秦鉴赏。不料唐秦细看之后，大加赞美，当即写了一首七律赠给木心，木心阅后甚为欣慰，不日即写就一首七言，持以回赠。

木心抵美后，曾在纽约华人报刊上发表一文，特地提到那次同唐秦互赠诗文一事，且把报上的文章剪下来寄到上海，由小翁送到唐秦家中。前几年同唐秦忆起木心往事，得知两人不止一次互赠诗词，但保存的木心墨迹也就这首七言了。我请他设法将此诗找出来，以便我写《木心上海剪影》使用。他说原件已经被外孙女即木心的粉丝索要去了，只留下一份复印件。我让他找出来，折腾了好多天，好不容易从故纸堆里寻了出来：

戊午清明正 少璞顿首

　唐公足下 赢得春风识异人 雪里芭蕉自青青 不美

高山流水意 二横一语破痴心 恭取大乐雪斋 不具

少璞顿首 顿首

诗中"二横"为唐燕雅谑的称号，"大乐雪斋"为木心笔误，为唐燕画室"大雪乐斋"的雅称。寥寥数言，视唐燕为高山流水的知音，能一语道破木心的所思所画。短短一信，三处顿首，足见他孤寂潸然之中，在唐燕那里获得的欣慰。

有一次木心来看唐燕，俩人居然为了一个字，即唐燕赠给木心的诗里的第一个字，争议和讨论了几乎整整一个下午。这个字过于生僻，我总是记不得，唐燕虽对我说过几次，还是没法记住。

但是木心有句妙言，我却记得很牢。木心用讽刺性的口吻若有所指地说："人家老是讲'燕雀安知鸿鹄之志'，其实志不在大小，大家都是燕雀，对自以为鸿鹄的人，我倒是要讲：'鸿鹄安知燕雀之志哉？'"

唐燕也好，巨源也好，当他们拿出木心昔日赞赏他们的书信墨迹，我会调侃地说：反正你们是惺惺惜惺惺，相互吹捧罢了。彼此大笑不已，其乐无穷。那时的木心，也就是从前的木心，同朋友相处时，十分谦和，亦庄亦谐。

唐燕多才多艺，不仅懂书画，他也拉《二泉映月》，当年音乐学院的教授卫仲乐先生，最著名的琵琶专家，曾私授唐燕琵琶弹奏，他听后，不无赞赏地说唐燕比瞎子阿炳还拉得好。

至于小提琴，最早我听到的莫扎特"第五小提琴协奏曲"，就是听他在家里拉的。

与众不同的是，唐焘对美术理论颇有深研，1981年即在《美术》第三期上发表《绘画性与绘画史》长篇论文，这在当时的美术理论界可谓凤毛麟角。他在文章中的观点，早就具备，而且同木心一直在交流，俩人观点十分吻合。这篇论文他曾花费很多心血，多年酝酿，费时颇长，其间也常请益木心。

一天，唐焘特地约我一起去见木心，请教木心，与他探讨艺术本体之形式与内容的关系问题，并带上了自己的初稿。寒暄之后，进入话题。当年国内美术界正刚开始探讨绘画的形式与内容的关系问题，木心对此也深感兴趣，同唐焘仔细地讨论了绘画本体的意义，"绘画性"的功能和它的观念性，中国古代美术史中的书法同抽象画的关系，西方绘画的写实同传统中国画的写意之异同等等，内容极为丰富。

木心很注重书法在美术史上的重要性。他认为书法艺术基本上是抽象的造型艺术，而且已经先于绘画而积累了系统的造型理论。俩人关于这一问题讨论了很长时间。木心还认为，不应把书法仅仅看作点与线的交响，因为书法中的点与线，早已越出点与线的一般概念，对抽象绘画的造型也有大影响。也正因此，唐焘能对木心的画有特别的理解，不是出于朋友间的客套。

木心与唐焘的同感，就是形式在绘画中起到决定性的作用，而长期的传统思维束缚了个人的创造性，应当予以突破。

记得木心当时还直率地对唐说："你先不要去研究这种理论问题，多画多实践，在形式上多下功夫。总是先有实践才有理论，我自己就是这样。没有什么画家是研究了理论之后再去创作的。西方古典的画家大师们都不是学了某种理论之后再作自己的创新，出了自己的作品，往往就是他们，摆脱了现有理论的束缚才成功的。"

由于话题过多，次日木心又来到唐焘家，继续谈论。唐焘听取了木心的许多独到观点，对初稿继续修改，完稿后再亲至木心家里，反复探讨，直到定稿为止，然后寄送北京《美术》杂志编辑部。此篇长文很受重视，几经审核和争议，终于在1981年的《美术》期刊上发表，这在当时专业的美术理论界里可谓屈指可数。同期《美术》上，刊登了吴冠中的《内容决定形式？》，还有一篇陈丹青关于绘画的民族性口号的文章。当时美术界的这场讨论，对冲破历来苏联模式的绘画藩篱，回归绘画性本身，起到一定的突破作用。

三

在我们这些上海朋友中，木心最早结识的，是画家王元鼎。远在六十年代之初，最早将木心带进上海朋友圈的，也是王元鼎。七十年代末，最后同木心断交的，也是王元鼎。

古人云"酒逢知己千杯少，话不投机半句多"，这两句恰恰都落在他们两位之间。换句话来说就是：曾经酒逢知己千杯少，后来话不投机半句多。

木心同王元鼎初识结交的时候，都是上海广告公司所招用的美术方面有所特长的人才，但刚开始并不都是编制内的人员。当年上海最大的广告公司地处市中心中央商场附近，每有广告设计任务，例如装饰、糖纸、玩具、包装之类，常召集他们前来接单，一旦设计录用，支付稿酬。前来接单的人不在少数，所以也会在那里聚集，相互闲聊。

木心同王元鼎经常去到那里，因而认识，但结交为亲密朋友，有着许多原因。不用说都是上海人，出身门户相当，美术绘画爱好相同，生活品位相近。王元鼎的祖父是企业家，酷爱收藏书画。外公则是上海滩美术界的名人孙雪泥，不仅自身擅长书画，还在 1917 年创办了上海最早的美术公司——生生美术公司，先后编辑出版《世界画报》和《良友》画报。王元鼎自幼便喜欢画画，外公孙雪泥就带他去拜师。那时候王元鼎特别喜欢张充仁的水彩画，便带上习作，跟着外公上门去。王元鼎毕生潜心油画、水彩，作品为中国、日本、德国、英国、巴西、美国等地收藏家所收藏。八十年代后期由巴西转到美国，1992 年在美定居后，1997 起每年参加在上海举办的国际艺术博览会，是博览会上被收藏最多的画家之一，有时甚至倾空。

当时的木心对王元鼎的才气评价甚高，戏称他为龙种，甚至面誉为当代的拉斐尔，认为他的画如此细腻，却又不失大气，无人可及。

那时的王元鼎正值青春年华，相貌俊秀，时髦一时，虽比木心年轻，两人一见如故，惺惺相惜。正如陈巨源在《与一代奇才木心的交往》中所说："他（木心）仪表不凡，衣着讲究，十分清高，只与像元鼎这样有品位的人来往。"

由于木心在各种设计中都很出色，自然受到重用，布置中苏友好大厦（现为上海展览中心）的"技术革新、技术革命"展览会，木心任总体设计，王元鼎也加入了这一队伍，俩人交往更为密切。即使在工作中，木心也是一身洋装，超级的时尚穿着。

每当木心同王元鼎出外逛街，两人常手挽手同行，情同手足，两人都注重衣着，外表新鲜挺括，皮鞋敞亮，引得路人注目。是年王元鼎正是典型的上海滩美男子，即使至今的晚年，虽是一头白发，依然颇有艺术家的风度。

尽管如此，俩人喜欢在才能上争个高低，虽彼此倾慕却又互不相服。白天工作完毕，晚上休息时两人各自埋头读书，其中有一部福楼拜的《包法利夫人》，俩人都很倾心研读，次日见面大家背诵同一个章节，比一下谁背得多、谁背得更准确，一分高低。至于为何木心对福楼拜的小说情有独钟，后面会有详述。

木心同王元鼎两人同时在绘画艺术、文艺掌故等方面十分投机，形同知己，对烹调美食两人也都是行家，聚餐饮酒习以为常，喝到半夜扶墙而归是常事。有一次木心到王元鼎家去玩，酒兴正酣，交谈更浓，从傍晚一直喝到第二天早上9点方才罢休，可见交情之深。

不像现在那样，手机微信一触即发，朋友之间几秒之内即可联系得上，那时朋友见面聚会，即使电话，也都是公用的传呼电话，一到晚上，传呼电话关门，联系起来很折腾。除了特别情况想法预先约定外，朋友之间一般都是想去看谁就去了，没法事先打招呼，如果去了人恰巧不在，但有家人在，有时间就会坐等一会，若门关着，呼叫无应，只得扫兴而归。

好在那时朋友之间并无国家大事需要商量，无非海阔天空，尽兴闲聊。若朋友恰巧不在，其家人会告知他到哪位朋友家里去白相了，在这种情况下，若你与另位朋友也熟，往往赶去一起见面，或喝茶或喝酒。

有一个晚上木心去看王元鼎，正巧没在，王元鼎的太太告诉木心在陈巨源兄弟家里喝酒，木心很想赶去，王太太虽讲不清地址门牌，但详细告诉他怎么找到巨源的住处：浙江电影院隔壁弄堂进去右拐第几家二楼亭子间，到了那里只要在楼下窗外叫几声就行了。于是木心再步行过去，到了窗下大呼几下，王元鼎应声而答，下来开门。见到木心竟登门而来，巨源、巨洪兄弟犹如喜从天降，立即出门去添酒添菜，盛情招待。酒间，自然不会错失良机，拿出自己的作品，请木心看画评价。

彼时巨源兄弟住在市区中心浙江路上的亭子间，面积极小，有时朋友聚集，转身都难，两张小床坐满了人。尽管如此，大家都乐此不疲。唐忝有时也带着我一起去聚，艺术绘画，高谈阔论，可谓别有洞天。

2016年的春节期间，回国后的王元鼎请了我们几位老朋友在他家做客饮酒。说到木心，他还向我们回忆起六十年代同木心经历的一些惊险而又戏剧性的场面，彼时两人友好相互信任的厚谊，确实非同一般。

那次春节王元鼎请了几位好友在家中吃饭，受邀的朋友中恰好大都是当年木心的朋友。尽管王元鼎忌讳同朋友谈起木心，陈巨源也首先关照大家在吃饭时不要提到木心，以免扫兴，但吃着喝着，酒意甚浓，气氛热烈，无意中还是会聊到木心。

席间我忍不住问王元鼎，当年你同木心那么要好，怎么到后来断了往来？这时陈巨源已经微醉，开始闭目养神，管不了那么多。王元鼎也没在意我提这个问题，支支吾吾回答了许久，仍是讲不清楚。我也听不明白，只记得王元鼎说有一次木心请大家看画，作品都是水墨画，王元鼎本身也擅长国画，当面指出木心宣纸上的画有问题，不透明，有粉，为水墨画之大忌，讲得木心十分不悦，争议起来，结果不欢而散。

那天晚上王元鼎说自己也想写些木心，还拿出了小小的记事本，正反两面写了七八页有关木心的往事。当时也就只是我对此感兴趣，拿来仔细看了一下，翻来覆去也没看出什么，还是一些微不足道的琐事，同那次看木心的画有关。中国水墨画上的颜料是否能加粉，朋友们有不同看法：林风眠的画就是有很多水粉，不足为奇。木心受林风眠很大的影响，所以会用粉。

按王元鼎的看法，中国的水墨画应该只用水跟墨，不能用粉，所以很透明，但是木心认为唐朝画里面都有粉，唐朝时还没有形成正宗的水墨画，很多画，青绿山水，是用粉的。

为了这么一件小事，俩人居然闹得如此地步，互不相让。王元鼎愤愤地说，有一次在溧阳路上的餐饮店吃点心，木心恰巧正面进来，一眼就看到他，居然形同陌生人，没有任何招呼，彼此就这么擦肩而过，再无往来。

木心同王元鼎究竟为何分道扬镳，除王元鼎本人这么解答之外，没听别的朋友有什么说法，木心也从来一字不提。所以，也没什么可以深究。依我对两人性情的了解，不见得有什么更深的原因，无非是个性高傲，意气用事，转不过弯，放不下面子，稍一不合，前情旧谊，一笔勾销。最遗憾的是都不肯"屈尊"和解。而木心在这方面似乎格外讲究。连他自己，也曾自嘲过是断情绝义的熟练工。

就在笔者完成定稿的前几天，有位从澳洲回上海的朋友看望王元鼎，于是王元鼎约上陈巨源和我到他家里一聚，然后再去附近的餐馆吃饭。现在的王元鼎和陈巨源出门上街，都已挂着手杖，毕竟岁月不饶人。席间，大家都没提起木心。餐毕，我陪送王元鼎和他的太太回家，一路上他忍不住对我谈起木心。说到同木心的断交后，偶然在外遭遇则形同陌人，彼此不理不睬，还用手做了一个擦肩而过的动作，余忿未消。

当我再次问王元鼎，你们过去那么要好，究竟为什么到最后会断绝往来，他顿了一下，我再问，究竟是否因为你批评他的画？他摇摇头说道："下次再告诉你！我将木心当年写给我的所有信，统统毁掉了，不想再记得他了。"我问，那么许多照片呢？他坚定地说："也统统毁掉了，一张都不剩。"

每次这样的聚餐，王元鼎总是带上原装的苏格兰威士忌同大家分享。这天的那瓶威士忌有点烈，43度，虽没喝多，但还是有点微晕，大家都有些醉意，我也不想对这些往事多加探询，毕竟都是过眼云烟了。到了公寓大门，我向他们夫妇分手告别，回去的路上感慨的只是人生如梦，岁月实在不饶人。

我还忽然想到溥仪曾在《我的前半生》里提到的几句，大意是：人与人之间是相互需要的，就像深林里的豪猪，彼此相互需要，相互接近，但因为身上都长有刺，一旦过于接近，就会相互刺疼，于是又不得不分离。

四

木心之前，上海这个小小的朋友圈大致已经形成，将木心首先介绍给陈巨源兄弟到朋友圈来的，就是王元鼎。当年大家有个习惯，谁若交上一位有才艺的新朋友，必毫不犹豫地拉进来向大家介绍，不久顺其自然地大家成为好友。

回想当年，这些朋友有一大共同之处，大多穷得要命。有工作者，常是发工资当天就开始借钱。工资一发，马上还债，立刻再借，挖东墙补西墙。有时捉襟见肘，卖掉些衣物杂物也是常事。一旦有钱，首先花在朋友身上，而酒是免不了的。或是个别对酌，或是聚餐共饮。当时的上海居住条件之差举世闻名，朋友们大多如此，一个小小的亭子间常济济一堂，以致转个身都有困难，但大家一聚，顿时别有洞天，极乐世界莫过于此。如此，机会频频，轮流做东，各显身手，各抒其长。每有木心在，则气氛格外热烈，引以为荣，而木心总是妙语连珠，倾倒众人。

陈巨源最初认识木心，是听王元鼎的介绍："设计界的高手，仪表不凡，衣着讲究，十分清高……自然热切希望与之交往，希望一睹他的风采。"在王元鼎的安排下，陈巨源俩兄弟在南京路新雅粤菜馆宴请了木心。"初次相逢，木心如天人下凡，谈论艺术，古往今来，如数家珍，各种流派，艺术观点，任意点评，如探囊取物，如在云端，对人世万物，一目了然。我们洗耳恭听，暗自敬佩，庆幸结交如此高人，至今未见有过木心者。"

认识木心之时，他已被划为异类，什么原因，至今没有谁当面向他提起，他当然也是讳莫如深，从不及此。除极个别朋友之外，极少与外界交往。当年大家都工资微薄，囊中羞涩，要请朋友在南京路上著名的新雅饭店吃饭，定是一件非常事件，盛重之极。也就是从那时起，木心开始进入了上海这些朋友小小的圈子里。认识了陈巨源后，也就开始陆续认识了他的其他朋友，其中也必然认识了唐燠，以及徐永年等等本文所要提及的其他几位主要的朋友，其中也自然免不了当时年龄最小的我。

这次聚餐，木心也很喜悦，记了下来。在《西班牙三棵树》三辑中的"其十四"里，木心曾以密码般的文言文记之，唯有熟知当时背景的朋友才能看得懂一二。

这篇短文实际上是写于上海，也即赴纽约之前，但发表在台湾地区，无人知晓。我将此文打印下来，给陈巨源看了他才知道。在他家里我俩如往年那样边饮边聊，一起回味和破解出这段文字。

此前在我细心研读《西班牙三棵树》三辑时，有许多不明之处。现在我终于弄清楚编辑和出版《西班牙三棵树》时，依据的是木心的繁体字原稿。木心将当时在上海写的这些文字带到了纽约，寄到台湾地区发表。原文如下：

辛丑春暮淞濱初識畫家原泓二子藉粵乃就飲於南京路廣州食府杯談漸酣仗酒言志若有人兮山之阿餐菊兮啜桂露臨深慨慷作高歌履薄輕颺起妙舞沉醉百年未盡量精思萬代樂逾度跨長虹兮攜太白笑斥羣匠畫葫蘆

文中前述初识陈巨源俩兄弟。陈巨源以为其中有笔误。原泓应为源洪，即两兄弟的简称。实际上这并非笔误，是木心的癖好，喜欢改朋友的名字，隐去真名实姓。如对方不用，他在私己文字中就用。例如他曾将丹青改名为"丹卿"等等。陈巨源看了我的打印，兴致勃然，一面回忆起当年木心，一面慢慢地解读木心的文言词句。木心借用屈原九歌，杯谈渐酣，仗酒言志。巨源兴起，还用现代汉语解读了一下：

> 有这样的人在山上，
> 以菊花为食，桂露为饮，
> 面临深谷还慷慨高歌，
> 步履轻盈地翩翩起舞，沉醉百年都未尽量。
> 有超越万代的精微构思，可以跨着长虹撼动太白。
> 笑斥世上一大批画匠，其实只是依样画葫芦。

当时的木心还处在人生的低谷之中，面临困境，苦不堪言，然一旦与朋友醋饮畅叙，则心胸敞开，苦辱皆忘，不禁仗酒言志，豪情万般起来，心声毕露。

四

陈巨源是 1979 年初上海首次民间自发的"十二人画展"

的发起人之一，因从印象派到立体主义等当时耳目一新的艺术风格展览，观众踊跃如潮，展期不得不从原定于闭展的 2 月 5 日再延展一周至 12 日。他写的前言让观众们激动不已，纷纷摸出笔记本抄录下来。前言写道：

严酷的封冰正在消融
艺术之春开始降临大地
战胜了死亡的威胁
百花终于齐放

从密封固所中解脱出来
沐浴在灿烂的阳光下
呼吸着清新的空气
我们的艺术生命复活了

每一个艺术家有权选择
艺术创作的表现形式
有权表现
自己深深眷恋的题材内容
把灵魂溶化进去
使艺术之树常青

旧时代过去了

新时代已在召唤

我们将努力创作

为中国文学艺术的全面繁荣

做出我们应有的贡献

"十二人画展"后不久，陈氏兄弟又参展了一次水彩画展。木心观展后曾写下四首七律赞之，并将巨源的姓名隐入第一首的末句。

贺陈公画展四韵

牧心

诗仙散笔落丹青，万人空巷看妍新。

纷纷都道水韵好，不知源底有巨灵。

文章画图本一枝，千古得失寸心知。

崇山浚泉异人出，还读唐相十疏思。

先生闳雅艺才多，洗罢笔砚又唱歌。

我有八折杨柳曲，一吟金吭意如何。

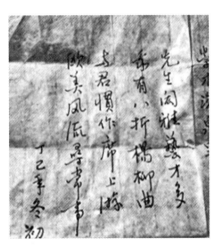

木心手稿

与君惯作席上游，沙龙二度载春秋。

欧美风流寻常事，两三星点在神州。

　　提起诗中的"沙龙"，不得不提起一位德高望重的前辈，大家都尊称她为吴大姐，在目前零星回忆上海期间木心的文章中，几乎无人提起。吴大姐是上海本地人，慈祥和善，年龄比木心略大一些。她是木心所在公司的科室干部，木心在厂监督劳动期间，虽为"不可接触的人"，但吴大姐怜惜其才，暗中给予极大的同情。由于她的社会身份好，家中比较安全，她的两个儿子也曾跟着木心习画。她常将自己地处乍浦路二楼的居室，给木心和他的朋友们做聚会处，饮酒喝茶，交流画艺，对外却不张扬。正如陈巨源所回忆的那样："在她的家中，既有长辈的关怀，又有同辈的随意和无拘无束，话题也不会老是跑到古董上面去，那时在吴大姐家中饮酒是经常的事。"

　　所谓"古董"的话题，是在座的王元鼎最喜聊起的爱好。

　　木心喜欢这种私密的聚会，称之为"沙龙"，诗中"与君惯作席上游，沙龙二度载春秋"，即是这段日子。木心认为这种艺术沙龙乃"欧美风流寻常事"，但在当年的上海，却是"两三星点在神州"，稀罕而珍贵。

　　这首诗里，木心虽赞赏巨源，但仍不忘用句典故来告诫朋友："崇山浚泉异人出，还读唐相十思思。"《唐相十思疏》是魏徵于贞观十一年（637）写给唐太宗的奏章，意在劝谏太宗居安思危，戒奢以俭，积其德义，其意在于提醒巨源谦虚谨慎，得意之际仍需进取，切忌自傲。

也就是在吴大姐家里，木心约了几位朋友去看他最新的五十幅作品，暗合他当时五十岁生日。情景另篇详述。

另次"沙龙"聚会，请来木心，吴大姐张罗酒菜，大家把画都钉到墙上，于是开始相互观摩，一俟坐定，木心就会逐幅点评。王元鼎基本都是很小的小幅画，郭润林都是八开左右的水彩写生，陈巨洪的国画没骨人物尺寸也不大，巨源的水彩一律四开大小。

当时木心对他们的画都给予极高的评价，都是放在世界艺术史的背景下评论，高得连陈巨源自己都有点不敢相信。陈巨源回忆道："唯独我的画好像特别引起他的惊讶，连连说：水分用得这么好，完全中西合璧，画得这么好，真想不到。"

木心的评价着实令陈巨源非常意外，受宠若惊，因为木心以前也见过他的画，并没有引起特别注意，这一次有如此不同，令巨源感慨道："定是我连年的勤奋，终于获得了不同凡响的成果，后来我越发感到，是木心让我发现了自己，第一个发现我的人就是木心。在木心的评点下，对自己的艺术处在什么地位有了比较清晰的认知，更坚定了在这条路上走下去的信心。人需要鼓励，更需要高人指路，木心适时出现在我的艺术道路上，一声惊叹，就让我明白此生没有白来。"

珍贵墨迹捐赠始末

2017 年 10 月，木心美术馆在新展出木心罕见的墨迹原件时，作了如下的文字说明：

为丰富完善木心美术馆馆藏历史性资料，原始文本具有无可替代的价值。竭诚感谢陈巨源先生的慷慨捐赠！也请葆有木心书信和遗墨的朋友关注此事，如能获得影印件，本馆预先再次感谢！

巨源捐出这份木心的原始墨迹，对木心美术馆来说，确实很有意义。因这次捐赠为我所促成，想聊一下其中的来龙去脉。

获悉陈巨源藏有木心手迹墨宝，木心美术馆陈丹青馆长自然心动。在邀请陈巨源作为嘉宾出席木心美术馆开幕式之际，向他本人请求，是否能将所藏的木心原件高仿真复印，作为美术馆的展品。不料巨源不置可否，也没答应。

次年，丹青同我聊起此事，引以为憾，但依然不甘于心。我说，凭着几十年老朋友的关系，我去向巨源转达，了却心愿。

不久我便去到巨源家看望，饮酒叙谈历历往事，兴致颇浓，不免也聊起当年同木心的交往。乘此机会，我婉言地转告，是否能将木心手迹复印为高仿真，以便美术馆向公众展出。巨源当即回答说："这事陈丹青问过我。不要烦了，也不要复印了，等我死后直接捐给美术馆吧。"语气有点执拗。也不是说他连复印为高仿真都不肯，这点交情都不讲，实际上他当时身体不是很好，有些心烦意乱，不想对此事多加考虑。

不久我应邀出席木心美术馆举办的纪念木心生日的音乐会。同丹青在观看节目排练时，低声地将巨源的原话转达给他。

王元鼎在上海朵云轩举办一次作品展出和拍卖，我们这些老朋友能去的都去了，巨源自然出席，但在众友眼里，他的身体明显瘦了许多，体力不支，引起大家的关注，甚至传到美国的朋友那里，打来越洋电话来表示关切。我同他几次电话闲聊，他心情也极为不佳，提到自己将近八十，身体不好，没有子女，正在考虑怎么写遗嘱。听了此言，我即刻责备了他想得太多，多作安慰。

当年春季丹青在上海的龙美术馆有个美术史的讲座，出场之前，我们在休息室里聊了一会。丹青提到今年木心美术馆有一个活动，展出从大英图书馆借来的许多英国文学史上包括王尔德手稿在内的珍贵原件，如果能在此机会同时展出木心的手稿墨迹，应该是一件美事。我知道他说的，就是陈巨源所藏的木心手迹。丹青强调说，直到现在，还没有发现木心生前书写的毛笔书信，真是很珍贵。

听他这么一说，我直截了当问了一句，啥时候要？他回答说10月份。当时我只说，晓得了。

不久我特地去巨源家看望他，再次提起丹青想向他借用木心的墨迹高仿真复印，以便展出。其实我也不很甘心。都是木心当年的朋友，只不过复制一下，在木心美术馆展出，何必固执不肯。

出乎意料的是，巨源当即非但一口答应，而且说：好吧，我决定将原件捐给美术馆，也不要复制不复制了。你同陈丹青联系一下，看他什么时候在乌镇美术馆，安排好时间就直接交给他。

几经周折的事，就这么定了下来，我的喜悦可想而知。接着我就对他说，这是最好的决定，也是木心手迹最好的归宿。你能舍得割爱，值得赞美。与此同时，我劝他对自己的身体不要过于忧虑，只要好好保养，心情开朗，一定长寿百岁。一直讲得他眉开眼笑。

木心墨迹原件的来龙去脉

木心墨迹原件，不仅是一件珍贵的文物，它的价值还在于真实地流露了当年内在的心境，难得一见。

在文学班的最后一课里，木心曾说："我们有共享的心理诉求。你画完一张得意的画，第一个念头就是给谁看。人一定是这样的。情欲呢，是两个人的事，不能有第三者。比下来，艺术是可以共享的。天性优美，才华高超，可以放在政治上、商业上、爱情上，但都会失败，失算，过气——放在艺术上最好。"

正是出于这种艺术上与朋友的共享心理，木心曾约请了几位挚友，到吴大姐家，在她两个儿子的工作室里，第一次向大家展示了他极为特殊的作品，即如今人们称之为"转印画"的画作。因为以前从未见过，大家对木心抱有神秘感，此次一见，太过突然，没有话说，竟然没一人发表观感，都默默地表示了欣赏之意，但仍没有话说，全场哑然。陈巨源事后回忆道："这是木心五十岁之际，特意向我们展示五十幅精心之作，以期博得一片赞扬之声，无奈我们都是一群只会聆听不会赞颂的鸽子，不知如何表示敬意。"

因着木心在朋友心目中的地位，大家都怀着敬佩的心情，但怎么也没想到，平时大家谈笑风生无拘无束，这时竟然没人说一句话，更无期许中的赞赏和点评，这一始及未料的意外，使得木心颇为黯然神伤。尽管一片沉默，各人的神色与表情，难以逃过木心敏锐的眼睛。木心带着失望的心情与各位分手告别。当然，朋友们也看出木心的不快，彼此都很沮丧。

当时为什么大家对木心的画一言不发，陈巨源事后对我说了真话："木心这些山水画的技法当时我们都玩过，都会，但没想到木心居然将它当一回事，大家一时想不落，但出于尊重又不敢直说，所以只好闭口不言。"上海话的"想不落"，不仅是想不通，还有失望至极的意思。

毫无疑问，木心的画不仅同这些熟悉的画家朋友在风格上、技巧上、理念上、创作方式上几乎霄壤之别，而且在当时整个上海画界来说，也是闻所未闻，绝然不同，所以朋友们有这些异常的反应并不奇怪。

直至去年，即 2018 年，《复旦青年》的副刊就木心的这五十幅转印画始末，对陈巨源做了一次采访。这时陈巨源依然坦率地谈道："当时看了画以后大家都没有发表意见，因为是第一次看到，看不懂。我们没有评论他，他也不好意思问。后来，我觉得应该对这些画有一个看法，没有看法的话表示我也不懂。朋友之间，当面说我不懂你的画，就不大好了。要赞美他一下。所以我写给他的文章，也拣好听的赞美他一下。做朋友就是这样。"

木心失望地告别，黯然神伤，为解心底郁闷，寻了一处酒店独自小饮一番，不觉微醺，苦感吾道不寡，高山流水，知音难求。此后有好多月时间没再同陈巨源等几位朋友见面。

与此同时，陈巨源心里也很不安，毕竟是好朋友，于是写下了一篇文字，对木心的画予以高度的赞赏，等待机会送给木心。

陈巨源此后回忆道："好长时间大家没有见面，一天晚上，木心和小翁到我们亭子间，观赏我们的画，大家为艺术的暗淡前途，也为自己的奋斗不息感慨不已。谈到上次他的五十大作，我当面递上早已写好的一篇颂词，对他的画作尽我的能力大加赞美了一番，他仔细看了一遍，显得很高兴，但又略表谦虚之意，连说过奖。没过几天，木心叫小翁送来一封出乎意料的信函，对我们当时的所有情景做了一个高度完美的叙说"。

此信的全文如下：

少璞顿首顿首奉书于

　　巨源先生阁下，渭庐初识，粤楼承宴，十载神交，一泓秋水，亦明心见性之谓也，然则数峰清苦，犹自商略黄昏雨。临川芹溪辈，嘤嘤侃侃代不乏人，彼苍苍者，亏吾何甚。

　　璞本狷介，谪居年年，尘缘渐尽，祸福皆忘，其所以耿耿长夜，如病似醒者，方寸间豪情逸兴颉颃未已耳。

　　今秋挟画曝献，匪逞雀屏，实伤骥足。区区五十纸，薄技小道，壮夫大匠不为也。璞运蹇才竭，无亢

038

无卑，其心苦，其诣孤，如此而已矣。

是夕观罢，诸公寂然，是耶非耶璞之不济耶，抑诸公之不鉴，乃有郢人逝矣谁与尽言之叹。收拾而归，嗒然若丧，途中斜阳余晖，晚晴可爱，就饮小肆，不觉微醺，窃以为明月清风易共适，高山流水固难求也。

秋去冬来，珠阁再叙，仗酒使气，诉及前悖。先生乃慨慷自剖，始照一出声便俗之妙谛，良有以也，不禁莞尔继之，划然大笑，怨触顿释。怀书归寓，挑灯回诵，空谷足音，感荷良深，少璞何幸，吾道不寡。

先生盛誉溢美，倍增愧畏，日月山川，精髓典范之称，不亦大而无当乎。

昔东坡素重米芾，往还常年，以为谙熟，及观海岳新构诗文叹曰：知元章不尽。先生近岁诸作已非畴昔，画境倩雅而登堂，诗味晶朗以入室，大有可观，贺贺。

语云：淡泊以明志，宁静而致远。先生之画可谓淡矣，盖明志之品也，诗可谓静矣，诚致远之格也。承质玉石之论，岂敢率纷纭，容待飞觞醉月，详特斟酌。

专此鸣忱，不尽所怀，北风多厉，伏维珍摄，并候，巨洪先生康胜

少璞顿首再拜

丙辰十二月八日

木心信札

少璿頓首瑾前奉賮行
百源先生閣下渭廬初識粵樓水宴十
載神交一詞秋水知明心見性之謂也然
則數章青於藍自商洛鎮牽而臨川芥

新搆詩文劉曰知元章不畫
先生近戲諸作已知曉音畫境倩
雖而鐙臺詩味品則以入室大有
可觀頃、語去復用以朋來遠

靜而致遠先生之畫可謂談笑盡
明志之意也詩可記者矣詩致遠
之格也承質玉石之論豈敢辜
負詳甚

共佐
紛紜容待瓦罐醉月詳特甚
之格也承質玉石之論豈敢辜
尤不求甚懷北風多

薪吾

接此墨函，巨源欣赏不尽，称其散文之美，亦不逊唐宋八大家："如此才人，红灯高烛，天底下哪里去觅？捧在手上，如获至宝，珍藏至今，只以复印品示人。因其文字精妙，凡夫俗子反倒识者寥寥，几无人能够读全，难以与我共赏。"

木心的深意，最好的解读应是他本人信中的自述，同各篇他的文言文章一样，都犹如文言密码，很难领悟其意。

正如木心在《文学回忆录》最后一讲里说道："日记，是写给自己的信，信呢，是写给别人的日记。"的确，与其说这是木心写给朋友的信，不如说是他给自己写的日记，最真实地记录自我的心迹。与其说木心在表达朋友之情，不如说更多地纾解自己。木心对自己的画的估量，心中自有分寸，外界的褒贬抑扬，他自有判断。低谷之中，孤独难遭，万千愁苦，志而不得。一二朋友之间的温情，此刻实是难能可贵。"窃以为明月清风易共适，高山流水固难求也。"此等语句，实是坦诚相见，一释心中的孤寂与慨然，不加掩饰。

木心的这封墨迹，对于朋友来说，大多停留在友情往来的层面和墨迹的价值，较少体会当时木心内在的诉说。

"狷介"一词，木心曾在给徐永年的赠诗中也曾用过，为木心自视性情正直，洁身自好，不与人苟合。极其确切：我是一个清高的人，这么多年尘缘渐尽，祸福皆不在乎，在漫漫长夜里整个人像生了病一样，但头脑还保持着清醒，无非是因豪情逸兴尚没实现。

那次观画之事，木心实是不吐不快，故仗酒使气，慷慨自剖，诉及前悔。彼时苦心孤诣，不料"匪逞雀屏，实伤骥足"，独自黯然神伤，嗒然若丧。途中斜阳余晖，晚晴可爱，就饮小肆，不觉微醺，窃以为明月清风易共适，高山流水固难求也。渴求知音，却难寻觅。当时虽有怨触，然不陷伤感，最终能"莞尔继之，划然大笑，怨触顿释"。心理素质之强，难能可贵。

木心一生深藏不露，然一旦慷慨自剖，打开心扉，其坦荡至极，常人莫及。

两代人的情谊

一

木心在上海时期，有一位不得不提的朋友徐永年，彼此之间不仅往来密切，有许多诗词互赠，两家也常有走动，而且这友情还延伸到徐永年的儿子徐星宇下一代，这一情形，在木心同他的朋友间独一无二。然而，在所有谈及木心的文字中，至今未见任何人提起他，几乎无人知晓。唯有 2017 年 1 月我在"财新周刊"发表的《木心上海剪影》一文中，写到了这么一句："……木心好友、已故旅澳作家徐永年之子宇宇拜访了他。"

徐永年是一位交游甚广相当活跃的朋友。记得唐焘曾对我形容：认识徐永年，等于认识上海的一半人。此言虽有夸张，但他确实交友颇多，且大都具有各种才能，尤其在艺术方面。还在六十年代我认识他时，就知道他曾引荐不少搞艺术的朋友，

徐永年、周捷夫妇及徐星宇合家欢 (1978 年)

介绍到这个小圈子来。我有几位好朋友都是他介绍认识的，且都值得一交。这方面，徐永年始终十分大度，热心，无私。

徐永年喜欢写诗，不仅擅长格律诗词，也热爱现代诗。当年的我，不仅最年轻，而且在艺术才能方面，不能同许多朋友相比，我主要是写些现代诗什么的，有几位朋友比较喜欢，徐永年是其中之一。他也是与我同去木心家拜访得次数最多的朋友，并热心向木心推荐我当年青涩的小诗。

五十年代中期徐永年就学于沈阳音乐学院，曾是木心的好友钢琴家金石的学生。徐永年在澳洲逝世的时候，金石曾特意写了一篇纪念他的短文《文心、琴音、友谊》：

永年与我相交，自1956年始，至今已有四十七载。他可谓是我"拙劣的琴艺"最忠诚的欣赏者。当我回家返沪的那段日子内，不论我在哪里弹琴，他总是不但自己场场必到，还经常携带亲友来"捧场"，有时更作为组织者来安排这些演出，以飨同好。记得那是在万马齐喑的年代中，我又举行了某次的"地下独奏音乐会"。为了怕被别人看作是"贩卖封、资、修货色的黑活动"，故在开演前先高奏一曲《东方红》以"压压邪"。若然事后有人追查起来，则可为自己辩解说，"我们是演奏革命歌曲的"，以示"清白"。独奏会完后，永年面带淡然而又真诚由衷的表情对我说："你还是很适合表演肖邦及印象派的作品的。"我说，我只是"雕虫小技耳"！永年说："激昂庞然、大刀阔斧有其听众，而像你这样的演奏风格亦能自成一家！"

永年在平时遇到了什么好事都不忘馈以他人，供诸同好。有的好事他自己已赏略过了，仍不厌其烦地当你的向导，再次陪同前往欣赏。就是在他热诚的"导游"下，我接触了不少佳画、美文、好书、奇石、盆景，林林总总，令我开阔了视野、丰富了精神世界、滋养了内涵、增益了性灵……

在生活方面，永年也对朋友具有深厚的情谊，无分彼此你我。自己有困难能坦诚相告，当我遇到问题时，他也总是倾力相助。

金石提到的"地下音乐会"不仅同徐永年有关，而且在实际上同木心更有关。徐永年文学上不仅著有长篇小说《绿林恨》，由广州花城出版社出版，在钢琴、声乐、诗词方面的造诣都很深厚。1995年后从上海移民澳洲，2003年故世。

徐永年与周捷生有一子，幼年时的昵称为宇宇，聪明伶俐，极为可爱，深得木心喜欢。少时随陈巨源学习绘画，周捷在1976年12月19日的日记里曾记道："今晚有幸看到了孙先生（木心）所作绘画五十幅，我不甚懂绘画，但这些画却使我感到耳目一新，顿开别境。宇宇一定要跟我去，因为天在下小雨，本不想带他去，他急得哭，为了要去，还三番四次的赌咒发誓作保证，要做个好孩子，要好好画画，我看他急成这样，倒于心不忍，只得让他坐在自行车小椅子上去了。"

陈巨源待宇宇如同义父一般，厚爱有加，一心想将他培养成画家。宇宇移民澳洲后改学神学，最后成为一名传道人，巨源虽深感失望，师生情谊却依然如故。2017年巨源八十大寿时，宇宇特地从澳洲赶来为他举办寿宴，以表对恩师的深情。

这次寿宴上，我给宇宇看了几张手机中的照片，是丹青不久前发给我的。看到图片，宇宇大为惊讶，简直不敢相信：这就是自己的父亲在八十年代写给远在纽约的木心的信？我随即给在座的周捷看了，她同样地惊奇不已，早在八十年代，自己的丈夫徐永年这样给木心写信，而且认出了照片的钢笔字就是她自己写的。

起初我也不知道，为什么丹青忽然发给我他拍下来的照片。照片是一封写给木心的信，几页端正恭敬的毛笔字，写在旧时常用的毛边纸的信笺上。落款永年、周捷。另有几页钢笔写给木心的字。后来我才明白，是为了让我辨认落款的两人是谁。

木心竟会细心保存这封信件，确实让周捷和他们的儿子宇宇感到惊讶，因为他们自己都早已遗忘。看到了落款，自然知道永年、周捷是谁。沉埋在记忆中的无数往事一下子浮出了水面。

前年去乌镇会见丹青，他特地到保存木心遗物的资料室里找出此信原件，连同上海邮寄到纽约木心居处的旧式航空信封。

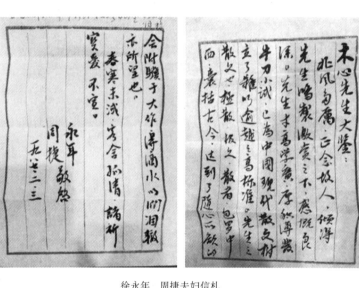

徐永年、周捷夫妇信札

我们一起细研这封信，我也讲了一些徐永年同木心往来的旧事。

木心来到纽约后，同上海的朋友们几乎没有书信往来，最初几年有什么事，包括木心出版或发表的文章书籍，基本上都是通过他视为心腹的昔日邻居小翁传达，此后不久也就没有什么联系。这封徐永年的信，是木心为数不多甚至仅剩的保存下来的上海朋友写给他的信，可见木心对徐永年的关注。

宇宇在回澳后曾写了这段回忆：

> 2017年返沪，和父母过去的朋友陈林俊先生（笔名铁戈）久别重逢时，铁戈在手机中出示我一张照片，竟是家父在1987年，用毛笔写给在美国的木心之文言书信。之后，铁戈又将此信另外几页的完整照片发了过来，还有由家母钢笔书写、家父在1977年为木心的百幅画作创作的七言长诗"丹青引"。能重新看到这些旧物，固然要感谢铁戈先生和丹青先生这样的有心人，然而从木心先生沧海桑田，功成名就，再经往返变迁那么多年后，仍然完好保存着父母给他的这些信件文稿，可见先生并未忘记当年的"贫贱之交"。再想到父母及那班老友和木心之间曾拥有过的珍贵友谊，还有双方在远隔重洋、音讯断绝时从未停止的思念关切，非但让我这位后生小子深感荣幸，也不禁要感慨万千了。

> 哎，郢人已逝，谁与为言？

"五言诗中的心迹"

1976 和 1977 年间，永年与孙木心先生唱酬甚多，饶有兴致，两人相见恨晚。是时木心先生刚从关禁中获释，白天监督劳动之余，下班后或厂里放假时获准回家，得以同老朋友们重拾旧谊。

1976 年 12 月 25 日，木心前往永年家做客，酒兴之下，木心花了六七张整幅的宣纸，当场挥毫疾书，写给他们全家，从徐永年到周捷，直到小小的宇宇，每写到一人，就换一种字体，五言诗体一气呵成，大显书法神通，题为《城东徐公歌》。

今天再细读该诗，依然钦叹，不仅指木心文笔的豪华和精致，而且他在当时的心灵轨迹、自我的写照，处处暗藏典故，在在深有玄机，难得一见。《城东徐公歌》全文：

城北徐公美

城东徐公豪。

古美警顽主，

今豪不在朝。

淡荡布生涯，

诗文展怀抱。

目击变色龙，

齿冷脱翼雕。

何美施粉墨，
风露立中宵。
市桥兴尽归，
红袖添香烧。
吟成共品裁，
娟娟簪花抄。
余慧入丹青，
盈盈先素描。
画罢主中馈，
举案齐眉高。
独出宁馨儿，
露颖一何早。
四龄习绘事，
捉笔刺魔妖。
画师见惊赏，
孺子洵可教。
努力加餐饭，
厚望在琼瑶。
我亦淡荡人，
云霄一羽毫。
狂歌过燕市，
所托亦稀少。

两代人的情谊

千古伤心史，

谁与同笑傲。

感君绸缪意，

风尘慰寂寥。

步韵夜复夜，

肝胆常相照。

乃知魏晋人，

何故作长啸。

群山漫白雪，

春光已非遥。

何日更洗盏，

一斗通大道。

江东多雄才，

又值领风骚。

　　木心赠徐永年的这首五言《城东徐公歌》，其题就已出于两汉刘向所撰《邹忌讽齐王纳谏》一文：邹忌修八尺有余，而形貌　丽。朝服衣冠，窥镜，谓其妻曰："我孰与城北徐公美？"此文中"城北徐公美"，已成历史典故，泛指人们所比所羡的美男俊杰。徐永年家居处上海虹口的东面，故木心称其为"城东徐公"，作诗美赞。

　　诗中前段为称颂徐永年，中段为他的夫人周捷与幼儿宇宇，后面一长段，乃木心自述心迹：

我亦淡荡人，
云霄一羽毫。
狂歌过燕市，
所托亦稀少。
千古伤心史，
谁与同笑傲。
感君绸缪意，
风尘慰寂寥。
步韵夜复夜，
肝胆常相照。
乃知魏晋人，
何故作长啸。
群山漫白雪，
春光已非遥。
何日更洗盏，
一斗通大道。
江东多雄才，
又值领风骚。

木心当年的心迹自述，诗中流露无遗，只是隐藏在五言的

两代人的情谊

诗中，私下赠予朋友。如今看来，不可多得。尤其是下面这几句，值得剖析，与读者分享：

"我亦淡荡人"，典出宋代诗人曹勋所作诗词《绿水曲》："予亦淡荡人，照影空明灭。"表明木心一生从来淡荡清洁，低调而又淡泊明志。

"云霄一羽毫。"出自唐代著名诗人杜甫的《咏怀古迹·诸葛大名垂宇宙》中的"万古云霄一羽毛"。木心这一典故的引用，不仅显示他对唐宋诗词的精通烂熟，更是运用自如。杜甫一诗透露的是诗人自身肝胆情志，所以能涤肠荡心，成为咏古名篇。诗中有一"纡"字，屈的意思。用词精微，一个"纡"字，突出古人委屈地处在偏僻的地方，经世怀抱只能算"百施其一"而已，三分功业，也只不过是"雄凤一羽"罢了。"万古云霄"一句则情托于形，为木心自我感怀的不凡心迹。

木心诗中的"狂歌过燕市"典出唐代李白的作品《留别广陵诸公》，以表木心的固守真朴，像秋蝉蜕壳一样励己素洁之志。无奈"所托亦稀少"，可谓千古之悲，感同身受。"千古伤心史，谁与同笑傲。"此时此刻，感受到朋友的绸缪意，风尘之中获慰寂寥，肝胆相照，醉不知处，狂歌一曲。

木心自喻为"魏晋人"，"魏晋人"这一典故的指称具有双重的意义：既指魏晋时期的文人士大夫，那是木心颇为欣赏的文人风范，又指历史上的一种典型人格，既苦痛悲壮，又是审美的成就极高的时代人物，他们在"时代的苦痛"与"美的成就"之间弄狂以流悲，塑造出千古以来独特的人格范型，实为木心自我心迹的写照。

与此同时，木心又是一位自我收敛的人，感而不伤："乃知魏晋人，何故作长啸。"对于未来，依然充满乐观，"群山漫白雪，春光已非遥。何日更洗盏，一斗通大道。"

木心诗后不久，1977年元旦，徐永年写下七言《观孙牧心先生画百幅》，赠予木心。

岁暮城桥雨霏霏，
双鹤亭中夜饮客。
名山迢递怀璧人，
拂拭尘埃开玉盒。
尺纸盈盈色琳琅，
宝光灵气香满室。
烟波十载识姓名，
今日方始睹颜色。
云山万叠挟天来，
天光云影相摩激。
落星如雨纷纷下，
陨石惊雷撼地裂。
大漠沉埋亿万年，
侏罗世纪留遗骨。

两代人的情谊

巉岈海底隐龙蛇，
黑水沉沉迷鱼鳖。
造化从来多奇观，
何关人事凶与吉。
先生出手本无心，
变化神奇竟何术。
逸兴奇情信手来，
细视何曾见斧凿。
似神似怪亦似仙，
味诗味禅亦味哲。
斑斓石壁攀藤萝，
千孔万穴虫蚁集。
红叶黄花满秋山，
丹崖古寺残金碧。
寒峰数点碧悄凝，
冥色青青青无极。
片云出岫自往还，
一鹭冲天向昏黑。
昔闻善战不用兵，
今见善画不用笔。
莫道前贤胜后人，
江山代有人才出。

英雄自古独往来，
扫除腐朽造新格。
先生之心历甘苦，
上天入地劳魂魄。
我亦疏散不羁人，
梦里想像自由国。
乾坤浩荡汗漫游，
一叶苍茫海空阔。
笛里春风马踏青，
酒中浩气鹰翔碧。
万里流沙一鸟飞，
绿洲今得慰饥渴。
洗尽嚣尘万虑空，
清凉满目沁胸臆。
吟罢低回一沉吟，
生涯如土弃沟壑。
先生多才才无穷，
丹青之外调吕律。
诗中有画画有诗，
画如其人人如乐。
本是风流高格调，
逸响定当异凡俗。

何时再斟酒十斗，

更聆先生阳春曲。

前年我去木心美术馆时，丹青不仅找出了徐永年写给木心一信的原件，同时还发现了当年钢笔字工整书写的赠给木心的七言《丹青引》，此《丹青引》，就是上面的《观孙牧心先生画百幅》。这一原件也为木心所一直珍藏。现在才明白，这一七言是周捷抄写给木心的，附在信中一起寄出。

永远遗憾的失落

前几年我同徐永年的太太周捷及其子徐星宇聊到木心时，他们都各自向我提起一件至今痛心不已的事。先是我同宇宇聊起巨源向木心美术馆捐赠木心手迹的经过，不料他深为遗憾地说到，我在 2007 年 5 月 28 日的日记里还记录道："前晚妈妈跟我讲起因为爸爸的大意，丢失了孙木心先生亲笔墨迹，非常遗憾。我清楚地记得，木心当年曾经用毛笔写过几大张宣纸的诗词送给我们一家，放在今天，肯定是他绝无仅有的墨宝。可惜我糊涂爸爸将他丢失了，怎么也找不到了。"

后来我同周捷谈起此事，问了来龙去脉。木心用毛笔写给徐永年家这大篇幅的手迹一事，当时的朋友们都不知道。周捷人虽在澳洲，同我详细聊起这事时，也是深为遗憾。在朋友之间，包括木心在内，对周捷从来大为尊敬，莫不信任，而宇宇在澳洲悉尼是位牧师，所以他们母子俩说的同一件事，我是深信不疑。

木心同徐永年一家的往来曾是比较密切，不止一次到他家做客，留下来吃饭。过年时他家请朋友来吃饭，也请木心一起过来，视为贵客。他家搬到同济新村新居后，还请木心和其他朋友过来聚会吃饭。每次做东请客，总是周捷在厨房里张罗忙碌。周捷至今记得木心是位非常细心的人，对烹调也很擅长，席间，木心会特意到厨房里去看看周捷做菜，赞赏她的手艺。那时宇宇虽然年少，木心也十分喜欢，总会看看他的画，给予鼓励，而木心的鼓励也总让宇宇受宠若惊，兴奋不已。

周捷记忆很深的就是，木心到徐永年家里做客，酒酣兴浓，在徐永年的请求之下，用了数张整幅的宣纸，当场毛笔挥毫疾书，写给他们全家，即前面的《城东徐公歌》。木心平时对朋友从来惜字如金，对永年周捷一家如此厚爱，这般友情赏光，自然高兴非凡，视为珍品，卷藏起来，也不轻易示人。

木心赴美之后，曾将在台湾地区出版的新书或发表的文章等等，由小翁转送给上海的个别朋友。时久，同上海的朋友们逐渐疏远，直至没有任何往来。

1989年时，周捷前往澳洲留学，临走时都很仓皇匆忙，除了必备用品外，没有将木心的手卷带去，心想反正留在上海的家里，有机会再回来取。数年之后，徐永年和宇宇也随着移民到悉尼，也没将那卷木心的手书带去。原来上海的住处，留给他亲戚居住。

周捷去澳不久回上海探亲时，想将木心赠给他们一家的墨宝带到澳洲家里，但翻箱倒柜，怎么也找不到，问了住在那里的亲戚，都说不知道，也从没留意过。这时周捷再责怪永年粗心，宇宇再埋怨爸爸糊涂，已经无济于事了，于是这一份木心的珍贵遗墨也就永远失落了。

宇宇回去之后，给我的信件里提道："但还有一段心事，需要在此提起。这得回到2007年，妈妈从我得知木心的消息后，给我写的一封信"：

星宇：

　　我已浏览了一遍所有那些链接的内容。很谢谢你将它们发给我。木心先生才华的深厚是你爸爸在几十年前，别人尚在"蒙昧阶段"时就已看到了的，正应了那句话：是金子，总会发光。我也因此而自幸咱家人的眼力不差。如果那首用行书大字写了整整有十多张纸（裁成信纸大小，记忆中如此），每个字都有千钧笔力的五言歌行今天还在的话，将来恐怕也像许多大名家的作品那样价值不可估量了。你想象中请木心先生再写一遍，是没有可能的，也是不敬的。一则来孙先生今日衣锦还乡，要找他的人不知有多少，我们只属他的"贫贱之交"，他是不是还记得我们呢？二则来既将他的墨宝丢失，怎好意思请他再写呢？这也是我们家的不幸，房子交给一帮粗鄙无文的外甥看，人家才不会替你保存这样的东西，你爸爸又糊涂，连自己写的东西都不知道保存，遑论其他？不管怎样，看到孙先生历尽各种劫难"不死"，而有今天的成就，真替爸爸这一代人感到扬眉吐气了。有没有办法在网上购买孙先生的书？

妈妈

日记中的木心

前不久我同周捷聊起往事时，她从至今保留的日记中，找出了许多当年木心同徐永年一家的往来、木心所赠的诗词、家中聚餐的情景，等等。

迄今为止，所有的朋友都找不出一张当年同木心的合影，而整个上海时期的木心，同朋友的合影也寥寥无几。其中有很多原因。因为大家经常见面，习以为常，不会想到天下没有不散的 席。而虽然相机在当时属贵重物品，胶卷也不是人人都买得起，但即使有这条件的朋友，例如王元鼎，曾经专门收藏旧式相机，也没有想到同木心拍一张合影。

照片如此，文字中的记载也寥寥无几。据我个人所知，至今还没有发现有人曾经在日记中记载过木心的往事，周捷是位有心人，这些日记中的木心虽记载不多，却是上海时期关于木心的一份不可多得的见证。

周捷在1976年12月26日的日记中写下："近来永年与孙先生（即当时的孙牧心的尊称）唱酬甚多，颇有兴致，兹记孙的五言与徐的七言如下……"

其中木心所写的五言和徐永年所赠的七言，已在前面详述。

周捷在1977年12月25日的日记中记叙了木心的一个甚为生动的情景："朋友们在我们家里举办冬季观摩会。巨源有以宣纸作水彩画的尝试，巨洪（陈巨源弟）没有出示他的画，据说是不喜欢招摇之故，我敬佩的是孙先生，他右手不幸被砸成了骨折，上了石膏，仍坚持用左手作画，这种精神，对于我们这些比他要年轻得多的人来说，不是一种激励，一种鞭策吗？孙先生不仅自己努力作画，在艺术上（美术、文学、音乐）有很高的修养，而且不遗余力地奖掖后进，以自己的勤奋为比他年轻的人作表率，这是尤其令人感动的。"

时为1977年冬季，木心尚未平反，仍处于厂里的监督劳动之中。木心的骨折有多种传说，一是"木心在劳动时，一个手指骨折"。也有说是被造反派暴打所造成的后果，原因究竟如何？木心对朋友们只字不提。

曾有文章说道："的确，木心在上海创新工艺品一厂劳动改造的时候，手指受过比较大的伤。有文章说这是被造反派打断的，其实根本不是这样。木心自己说过，当时他在厂里开锯床，就是在锯子下面放一块铁，用电动锯子把它锯断。有一次，大概锯片断裂了，爆出来，把他的手指严重弄伤了。这只是一场意外的工伤事故。"

最为可靠的说法，是木心在纽约文学班的学生画家曹立伟《回忆木心》所述："忘了是哪根手指，他说是'那时'的纪念物，在工厂改造时弄的，被锋利的铂金属片切入指骨，去医院，医院说要缝针，但麻药不足，医生说忍着，木心说没关系，比起爱情的痛苦这又算得什么。"

手指骨折这一事实，如今在周捷的日记中得到了最为可靠的佐证，上了石膏，仍坚持用左手作画，木心的顽强可见一斑。

徐永年虽然白天工作劳累不堪，工资微薄，家境也极为艰难，仍坚持不懈地写作。遇到钦佩不已的木心，倍加努力，并向木心请教，获得木心的极大鼓励。感动之下，周捷于1979年1月3日的日记记载道："永年曾在10月底时将他已写成的一部分作品给孙先生过目，孙先生在将稿子拿去的第二天就来信道：'初读印象，择八字以赞之：眉飞、色舞、气壮、神旺。我虽未见全豹，而有如此之判断和预测，曰：《绿林恨》者，今日之杰作，未来之名著！我兄加紧努力，早日完成大功。'"

周捷在日记中写道：这封信给予我们的鼓舞是无可比拟的，我们感谢孙先生，在困难的时候给予我们精神上的鼓舞。

在周捷的日记中，记载了他们一家同木心多次密切的往

两代人的情谊

来，甚至包括当时我同初谈的女朋友一起去她做客的情景。其中还有一次是 1980 年的春节年初五，他们请来了多位朋友吃饭，其中就有木心、木心的好友钢琴家金石兄弟，可见他们一家同金石一家的密切。日记中，还记载了大年初一他们去向金石的父亲金武周先生，即彼时还教授我英语的老师。

日记中还提到 2 月 23 日"拼命赶抄金先生的译文"。这是我当时交给周捷的"苦差"。因为我在 1978 年从金先生学英语的同时，还帮他做助手，整理和誊写他为华东师范大学翻译的《城市社会学》（The Urban Sociology）。金先生在美国获哲学博士，也是国内社会学的首创者，任旧时的沪江大学教授和教务长，上课用的都是英文。在燕京大学跟随司徒雷登读研究生时，用的也是英文，毫无疑问，他的英语远比现代汉语精通，翻译起英文原著 The Urban Sociology 不费吹灰之力，但毕竟年事已高，对当代汉语不易跟上，翻译书写出来的中文难合时代要求，于是我就在他的翻译稿上整理成所谓规范的现代汉语。这么一来，本来金先生的中文字迹就不很清楚，再加我在上面涂涂改改，这样的文稿是无法交给华师大社的，于是必须工整誊写。这个誊写于我实是过于枯燥乏味，颇费时间，因为每月必须按时交上分批的完稿，我就请朋友帮忙，其中一位就是周捷。因为是金先生的事，谁也难以推却，于是周捷也常为此事耗费精力，甚至春节一过就"拼命赶抄金先生的译文"。

日记中，记载了当年中国美协《美术》杂志编辑刘光夏去徐永年家做客,以及28日晚带刘光夏"同至孙先生处,洽谈甚欢"。

1979年的时候,《美术》杂志是当时国内唯一的全国性美术杂志,作为《美术》杂志的编辑,又是当时文化部中国艺术研究院文化艺术出版社美编、中国艺术研究院舞蹈研究所美术副编审、中国音乐家协会音乐文学学会会员等等,自然刘光夏是美术界的一位重要人物。日记中虽没记下洽谈的内容,但周捷记忆道,主要是刘光夏看重木心在美术理论上的造诣,热邀他能写一些文章,予以发表。

如今读者从陈巨源的回忆中可知,木心当年在吴大姐家里曾请几位朋友看他的画。实际上,木心不止一次在不同的朋友家里展示自己的作品。周捷在日记中曾记下一次,日记中的巨洪正斐,即陈巨源之弟陈巨洪和新婚的妻子林正斐。两人在当时的朋友中是有名的才子才女,而林正斐又是我的朋友之一林正平的姐姐。三十多年前周捷作为日常生活的记录,以及木心同上海这些朋友交往的片段,如今却成了对木心珍贵的回忆,这也是她自己所未曾预料的事。

寻找孙牧心

一

在陈向宏与丹青的悉心安排之下，木心回到故乡乌镇定居，直到 2011 年与世长辞。这段时期，是木心一生中最为平静的时期，除了极为特殊的采访或安排，或同丹青的个别见面往来之外，他在"晚晴小筑"里过着宁静的生活，基本上同外界隔绝。

至于往昔的上海朋友们，无论当年怎么密切友好，既没告知，也无往来，只有一次例外，很特别地接待了故友徐永年的儿子徐星宇，即他记忆中少年时代的宇宇。

2012 年宇宇由澳洲来上海探亲访友，一心寻找木心，历经周折，终于由乌镇旅游局层层转达，同木心联系上了，并接到旅游局方面的通知，即刻前往木心的居处拜访。因为陈巨源曾是宇宇年轻时多年的恩师，又是木心往年上海时期的好友，所

木心与陈丹青在乌镇（陈向宏摄）

以去之前，宇宇并没有告知陈巨源也一起来拜访，而作为"秘密武器"，很想给木心一个惊喜。

据宇宇在信中告诉我，巨源在报刊上得知木心定居乌镇后，迫切想拜访木心，重温旧谊，于是去信给木心，也是请乌镇旅游局转交。收信后，木心曾给他回信，称目前刚来乌镇不久，尚未落定，等日后再续旧谊。

宇宇接到木心那里的通知后，立即告诉巨源，由他往年在上海的同学开车，一同前往。木心同星宇的这次见面，据我所知，是木心唯一同上海朋友两代人情谊的见证，也是他晚年同上海一丝情感上的联系，但瞬息转去，此后别无动静，成了一次不可多得的生动记忆。

回澳之后，宇宇曾撰文记忆下来，题为《寻找孙牧心》，并给我看了全文，真是情景生动。

对宇宇来说，有一小段记忆很深。木心在监禁释放后第一个去见的老朋友，就是他的父亲徐永年。当时，木心对他们说："他们释放我之前，我自己把衬衫洗净晾干，拿地上的水湿头擦皮鞋，撸平裤脚线，发履光亮，衣衫笔挺地出去。他们都不能相信。"

宇宇曾感叹道："正如木心论及华人建筑大师贝聿铭的话：'贝聿铭在他的时间里，每一段都是对的；我在我的时间里，每一段都是错的。'我还要加一句：我在他的时间里，也每一段都是迟的。"

"在我童年的记忆中，木心是家里一众艺术界朋友中谈吐最风雅、仪表最出众的一位。但木心为人有如神龙，见首不见尾，加上政治环境的压抑，因此朋友圈中，大多对他的识见才艺钦服有余，对他的身世经历却认识不足。"

这次寻访之旅，宇宇记入了《寻找孙木心》一文。我觉得永年一家两代人同木心的情谊几乎无人知晓，甚为遗憾，除我之外无人关注，于是我借撰写本书即披露出来，也是我对他们一家的承诺。2017年夏，星宇想到木心美术馆访问，我立即电话向丹青的助手副馆长徐泊女士打了招呼，并介绍他们一家同木心的情谊，请她予以接待。

在《寻找孙木心》一文里，星宇回溯了木心之所以能破例在晚年乌镇的居处接见的渊源：

"这可以追溯到二十世纪六十年代，当时酷爱文学艺术，也能够创作古体诗词的家父徐永年，不知道通过什么途径结识了木心先生，并和他开始了书信往还，诗歌唱和。据父母说，木心释放后，上门来找的第一个朋友就是我父亲。倒不见得和家父交情最深，而是家父一向对朋友赤诚相待，最可信任也。家父写作长篇小说《绿林恨》，也得到过木心极大的鼓励。"

"家父从艺又性情豪爽，和他往来亲密，并且成为一生挚友的，都是搞艺术的逍遥派朋友，在这群友人中，木心始终是最受尊敬，也最神秘的一位。因其姓孙，圈内皆呼孙牧心。"

"木心当年示人的只有画作，他的画效果奇特，使用了幻化莫测的特技手法，说实在的超过了当时的朋友能够理解的程度，现在能看到他在国外打出名声的大作，长辈说和以前的差不多，但至少我已经想不起当年所见了。我所能记得的，只有在不多的来往中，所感觉到的木心的神采，和父母及友人们对他的钦佩，尤其是在他那间雅舍中深夜长谈的优雅氛围。当然，带着我，父母也是不可能逗留得尽兴的，那时我只是一个十岁不到的孩子呢，虽然我是最喜欢旁听大人那些有水平的谈话的。"

"每个和木心有交往的人都不能不折服于他谈吐中的渊博、机敏和睿智。写信常用毛笔，满纸雅丽文言，一手书法直追唐宋大家。其人本来英挺，又注重形象和品位，每次出现，无论是风衣还是夹克，不经意间，透出一种天生丽质难自弃的时尚感。这在满街清一色的七十年代，绝对是超前的，也是需要勇气的。朋友都知道他年龄其实大一轮，也曾获罪入狱饱经沧桑，但样貌却始终保持年轻。"

"仰慕木心者虽众，深知木心者却不多。当时还年轻的画家朋友都很重视他的指点品评，也希望他成为这一群人的旗帜，但木心却始终若即若离。木心赴美'留学'时，临别都没能见上一面。之后收到的，便是在美国出版的《散文一集》和《琼美卡随想录》。起初是朋友人手一本，之后便音讯渐杳了。而这些书每次一借出，都是一去不返。即便现在我仍然没有见过能与其比肩的东西，大概只有四十年代的张爱玲除外。木心自

寻找孙牧心

己都承认和张爱玲有互通之处，而他按辈分实际上也正是张爱玲时代的人。"

"在悉尼的中文报纸杂文版有过一篇文章介绍木心的每日生活作息，如今依稀记得的是：早起，散步，上午写作，一天一万字，下午作画，平均一天一幅，晚上会友或阅读。几十年如一日。可惜当时那篇文章没头没尾，致电报社打听，只说是抄来的，无从问到当时无人知道的木心动向。"

三

宇宇在 2007 年 5 月 28 日日记中记叙道："我和妈妈一样渴望跟木心先生取得联系，但他很有可能已经不在人世了。我不晓得见到他时有没有可能请他再为我们起笔书写那首给我父母的诗；我不知道当我把父亲的纪念集给他，并且告诉他我们一家人受到他多么深的影响，对他有何等怀念的时候，他会不会感动。"

2008 年 5 月 13 日，宇宇只身来到上海。陈巨源示以木心给他的回信，他也很想访问荣归故土的老友。"无奈木心回信虽云不胜期待，仍曰须待尘埃落定，方可再续前缘。"友情显然还在，但主动权必须在彼。于是进入僵局。

寻找木心是他这次回国的主要愿望之一，如何找到却是问题。即使从乌镇旅游网页得知对木心的介绍，但究竟是否住在那里，如何跟他建立联系，会不会寻隐不遇，会不会不获接见，一切茫无头绪，只能放在祷告中。暗中定意，事在人为，无论如何都得去一次，至少留一封信给木心。

16日上午，宇宇给乌镇旅游开发公司挂了电话，并发了请他们领导转交木心的传真（好不容易找到地方发）。当晚是巨源的七十大寿，本来巨源碍于木心信中所言，对于冒昧去找他颇为犹豫，但席间见宇宇决心，最终决定与宇宇同行。事后宇宇详尽记述了同木心的聚面——

"孙先生，他们到了。"

迎面而来的是一位清瘦的老人，是当年的面目，只是个头比记忆中小很多。也好，在那一代人里算中等身材。此刻，真无法形容踏入木心花园深宅大院之后的感觉。

这套住宅的规格很高，上下楼有按四十年代风格专做的电梯。楼下花园假山流水，草木葱郁，一派生机。木心手指园外一楼曰："这才是故居。"

见之前，不知道见面时该说什么语言，看来他也不知道。刚一开口是英语，后来巨源话多才逐渐改为沪语。但沪语也是很久没用的样子，好像颇习惯用国语。

木心见到陈巨源，看来是很感意外。他对陈氏兄弟的记忆，还定格在钢琴家金石金声的时代。

"我的耐心很好，好到把老朋友都等死了。"这是他听到我

木心与徐星宇在乌镇

父亲的噩耗后说的。

岂止是耐心很好！

木心香烟一支接一支不断，都是从很精致的木盒中拿起，可惜我不懂，第一次为自己不抽烟感到可惜。

木心还真的不知道家父已经去世。还是往日的风趣和谈吐，但从抱怨泡咖啡的麻烦就知道是老了。难以忘却是他年轻时以为做出来的"颤巍巍"的姿态，不知道什么时候开始走路需要搀扶？刚回国时曾水土不服过，大概病得不轻。生活如此自律有序者，这样不断地抽烟倒是令我吃惊加上担心。

午餐时喝的是茅台，专用厨师的菜很入味，偏清淡，适合长者。

饭后赏画，尺幅原来很小，但细节极丰富，尺寸千里。有些好像印版上的涂鸦，细看却布局安排妙到毫巅，好像他的散文，他也同意我的评语。

大家都还有很多话要讲，但为了赶我预先已订好的晚上在上海的一场饭局，我们不得不结束这趟欢聚，我自己也觉得很煞风景。

木心问我何时再回，我说打算三五年回国一次，耐心很好的他都觉得太长。看来非缩短不可了。话别时木心将我紧紧拥抱，我知道抱的是先父。不料那一抱便是永诀了。

宇宇回澳后，曾写给木心一信：

亲爱的木心世伯：

　　别来无恙。

　　5月17日匆匆来去，蜻蜓点水，十分不能尽兴，又给您带来家父亡故的噩耗，先生的错愕，恐怕也不是我留下的一堆凌乱的物事和时空倒错的信件所能解开。一直想度假回澳后立刻给您致信问安，但归来日久，竟苦无余暇，至今方得机会，也只能潦述几笔，望先生谅之。

　　首先解释，何以留给您的那封信写得好像没见到您一般？个中缘由，实因我初回上海时，实在没有见到您的把握，即使联系到贵镇旅游开发公司，将我的短函传真于彼，仍旧不知能否获见，就连先生是否在家都不知道，所以定意拜访贵镇之时，便拟定两手准备，即使"寻隐者不遇"，也可留下一信，向先生聊表衷肠，并争取重建联系。所以后来能蒙先生亲自接待，实乃喜出望外，难怪见面时，我亦错愕而失语了。

　　其次，因为您给巨源的信中表示尘埃尚未落定，而我又没有同先生联系上，所以巨源直到16日下午生日宴前，得知我已经找到贵镇领导送信，又有同学陆兄驾车，才决定协同来访。所以未能预先通知，成了我们的"秘密武器"，也望先生见谅。

　　我还在恭候先生的画册，不知何时可以一睹为快。

但这次能在先生的豪华宅第中欣赏您的真迹，又见到先生身体清健，精神奕奕，谈吐之诙谐机智，不减当年，平生快慰事，莫过于此。而天海相隔，二十余载，辗转周折，竟能终见先生于故居，实乃上帝怜悯，促成美事也。

看来真要把计划中的五年缩短为两三年了。只是孩子尚幼，凡度假必定携妻带女，来乌镇一游，若借住贵宅，恐怕过于叨扰清静，住镇上宾馆可也。只要先生不嫌弃，还是可以来府上畅谈，而且届时一定尽兴。

本想把此信叫作"来自白色平原（二）"。但既然已经先生说明"典故"，便不能再叫此题。澳洲内陆一片红土，所以曾想过叫"来自红色大陆"，但这个名字西方人必定不喜，"坐中怀西"者想必也不喜，还是放弃吧。父母挚友皆视我如己出，我亦视众叔伯为亲人，写信给亲人，何必掉什么书袋呢？更不用说是在先生面前。

最近写了一篇关于中国地震的文章，用了点您的语气笔法，请先生惠读并不吝赐教。

世侄

徐星宇

出于对木心《从前慢》一诗的欣赏，宇宇还特地将它翻译成英语：

寻找孙牧心

木心与徐星宇在乌镇

The Past Was Slow

Remember early in years adolescent

We were all sincere and honest

What we said was what we meant

The morning walk to the train station

The long street dark with no pedestrian

The soy milk shop steaming with motion

In the past the sunlight goes slowly

The cart, the horse and the mail all go slowly

A lifetime was enough to love one only

In the past the lock also looked pleasing

The key was exquisite in posing

You locked it, behold, there was understanding

在星宇发给我的图片中，有着木心罕见的眼神和笑容，这一温柔慈爱的神情，在其他图片中难得一见，下一代上海朋友的情谊延续到他的晚年，令木心仿佛回到了上海的往年。

四

我所知悉的木心，另有一段两代人的情谊。

当时，在我们这个小小的朋友圈外，木心还有其他多位挚友，但同我们没有任何往来，也无人知悉，更无任何文字提及。其中有一位胡刚先生，谦谦君子，平生更是低调，同木心的关系不同寻常，十分深厚。当年丹青曾问起我，是否认识叫胡刚的木心好朋友，并简介了他，但我确实一无所知。不久，在乌镇木心美术馆举办纪念木心忌日的活动之际，丹青邀请了他，餐间我终于认识了。因为都是木心往年在上海的朋友，彼此十分喜悦。后来，木心美术馆举办巴尔扎克特展期间，我同胡刚在晚宴上再次见面，并约在次日饮茶详聊。

木心有一位无人知晓的故旧，名叫胡塞，曾是上海一家报纸的副主编。据丹青介绍，该报的刊头就是木心写的字。这位胡先生的公子就是胡刚，同代人，在七十年代就和木心很熟。也就是说，他二十几岁的时候和五十来岁的木心就很熟了，同木心也是忘年之交。因他的父亲是木心的知心密友，所以他称木心为叔叔。

平时木心同我们这些朋友交往，因为都比他年小一辈，他也不得不多一份师长的模样，严肃了一些，但在与他同辈同年的朋友之间，却无这般拘束，甚而不拘小节，坦荡无遗，例如曾同潘其流相处一堂那样。木心同胡刚父子两代人都很亲密，去他们家中做客，若遇盛夏酷暑，炎热难当，大热天就脱去上衣，穿一条大裤衩，摇着芭蕉扇纳凉，大口喝茶，谈笑风生，旁若无人。但在我们这等小辈面前却是万万不会的。

木心在 1978 年左右争取平反时，胡刚跟木心甚为密切，一起商议写申诉书。

书香门第出身的胡刚，在九十年代末同上海的朋友一起办了一家书店，也许有人听说过这家"济公书店"。与此同时，胡刚私下里托过他在纽约的哥哥胡承华向木心转话，恳请木心叔叔出版他的全集。木心当时七十多岁了，知道来日无多，终于同意，胡刚于是自己雇佣秘书，把台湾地区版的木心著作全部录入电脑，转为简体字，极大的工作量。可以想见，远在 2000 年的时候，胡刚以个人的承受力要出十几册木心的文集，包括市场营销，是多么艰难多少猖狂的一件事情。而木心不认识大陆任何出版人，没有任何大陆资源。他也不可能像我们这代新作家一样再通过十年、二十年的光阴去累积自己的声誉，但是胡刚神采奕奕充满自信地承担了这件事情。

1998 年秋天，丹青带着木心手写的书信同胡刚第一次见面。在他小小的办公室里，胡刚特地为编辑木心文集租了办公室，桌上全部是台湾地区版的木心作品。远在二十多年前，没人知道谁是木心，而胡刚则在那里编辑木心的文集，办公室租好了，秘书雇好了，录入都做了，但凭个人的力量，要出一套书多么难！所以木心又等了七年多，直到 2006 年理想国做成了这件事情。那一年木心已七十九岁。"

每当我对胡刚建议，写一些木心在上海的往事，让读者们对木心有更多的了解，况且木心同他一家有着非同寻常的深交，

寻找孙牧心

083

内容一定丰富多彩，他总是谦逊地回答："以后再讲，以后再讲。"但愿胡刚能在什么合适的时候写出他生动的记忆。

破译木心的文言密码

从《沁园春》到《广陵散》

在木心已出版的文字中，深藏着一组无标题文章：《西班牙三棵树》最后一辑。该辑共收十九首古体文言，其中还隐藏了难以觉察的诗词。由于每文由或长或短的文言文写就，未予断句，又因所述的人物与背景深藏不露，罕为人知，所以今日的读者很难解读，以至略过不读。目前已知的木心研究，鲜见涉及这十九首古体诗的文论。然而恰恰是这些短文，独具一格。评估木心在文学上的造诣，了解他真实的心迹，弥足珍贵。

本文意欲解读的"其四"即为典例，作于1968年，仅两百多字。正如陈丹青所说："如同木心的'狱中手稿'，这篇诗文近乎密码，无意示人，刻意为日后的读者设置了种种解读障碍。"

两年前丹青送我整套木心著作，我竟无意间错过了《西班牙三棵树》的末辑。前年春节的大年初一，与他相会乌镇，闲聊中谈及昔日木心与音乐的姻缘。当我提起相熟多年，长我一辈的木心好友钢琴家金石先生时，《西班牙三棵树》这本书好像正在等我似的，丹青立即信手取出，迅速翻到末辑，并告诉我他常以书法抄写，探其究竟。随即，丹青指着书面，一字一字地念了全文，问道：这位"金师"是否就是"金石"？我当即肯定地回答，是的。当我听到结尾几行，不禁拍案惊呼，一段沉埋历史的记忆豁然激醒了：苦心孤诣的木心，他早已用这篇短文记录了不堪回首的悲剧，一桩荒谬而屈辱的冤案！

　　丹青对这篇短文瞩目已久，熟稔于心，但因不了解文中述及的内情，故求证于我。当晚我依他特地关照，再三细读了这篇未经断句的原文：

　　　浩劫之初余猶無恙有鋼琴家金師自把妻返申省親濱友咸集奏肖邦李斯特諸曲於深院幽宅霄夜從事蓋大違禁忌也翌夕聚飲市南豫園同座以即席賦句為趣促感金師之妙藝掇長短以傾忱滄海橫流舉世滔滔軒冕棄盡宰傲骨聯翩攜花載酒清夜迢遞撫鳳惜麟紅蠶吐絲蒼鷹咽雪冰心玉壺話浮沉揚鬚眉比高風亮節直指天星茫茫九派誰補更濛湏塵寰總紜紜念雲階月地謫僊怨絕金戈鐵馬豪士悲聲蓬萊舊事歸來重理瑤琴迸裂泣鬼神廣陵

散願一曲初罷匝地陽春越明年金師以私舉音樂會入罪搜身得此手稿旋下獄卒貶為牧豬奴时維戊申余亦縶囹圄羅織煽構間添此一大文字孽嗚呼廣陵散之不祥古今如斯

为求准确断句，我首先请教历史学家章先生，他精于古典诗词与考证。先生一口应允，拨冗相助，旋即发来了断句文本，做了注释，且出乎意料地点出文中隐藏的长短句乃词牌《沁园春》，令我与丹青钦佩之余，喜出望外。

以下为章先生的断句：

浩劫之初，余猶無恙。有鋼琴家金師自挹婁返申省親。濱友咸集，奏肖邦、李斯特諸曲於深院幽宅。夤夜從事，蓋大違禁忌也。翌夕，聚飲市南豫園，同座以即席賦句為趣。促感金師之妙藝，掇長短以傾忱。

滄海橫流，舉世滔滔，軒冕棄盡。幸傲骨聯翩，攜花載酒，清夜迢遞，撫鳳惜麟。紅蠶吐絲，蒼鷹咽雪，冰心玉壺話浮沉，揚鬚眉，比高風亮節，直指天星。

茫茫九派誰補，更濛澒塵寰總紜紜。念雲階月地，謫僊怨絕，金戈鐵馬，豪士悲聲。蓬萊舊事，歸來重理，瑤琴迸裂泣鬼神。廣陵散，願一曲初罷，匝地陽春。

越明年，金師以私舉音樂會入罪，搜身得此手稿，旋下狱，卒贬为牧猪奴。时维戊申，余亦絷囹圄，罗织煽构间，添此一大文字孽。呜呼！广陵散之不祥，古今如斯。

与此同时，还对其中的几个典故做了注释：例"挹娄"一语，今人不解，先生指出其实是地名，泛指历史上的东北，故以"挹娄"代称沈阳，既是木心好用古语的积习，也是隐讳之笔。

"红蚕吐丝"，典出汉扬雄《太玄·将》："红蚕缘于枯桑。"以及唐陆龟蒙《杂讽》诗之称："红蚕缘枯桑，青茧大如瓮。"宋周紫芝《雨中花令·吴兴道中颇厌行役作此曲寄武林交旧》词中也有："雪茧红蚕熟后，黄云陇麦秋间。"清陈景钟《缫丝曲》："盼得红蚕齐上箔，更喜同功茧不薄。"至于"苍鹰咽雪"，则为苍鹰精神（The Eagle Spirit），意指人生总会遭遇崎岖坎坷，有时还须承受灾难，苍鹰精神会帮助我们抵达胜利的彼岸。

可见木心运用这些典故，实非偶然。

二

据木心自述，此文写于戊申年（1968 年）之前一年，可知是丁未，即 1967 年。彼时木心虽无大恙，却是那段时期形势最为凶暴险峻的一年，他已在单位遭受监视，随时预备不测，而这首诗所述事件，正是当年飞来横祸的起端。如木心一贯的作风，突临冲击而稍有缓和后，不甘遗忘，旋即作文记述。但在那样的年代，为免再惹祸端，必须隐约其词，化作美文，此即春秋笔法的苦衷。木心的文字向来简赅，再大的悲恸落入笔端，也是举重若轻，而这篇短文尤甚，所涉历史情境和冤案细节，既广且深，他以寥寥数语隐去所有人物细节，唯一具名的"金师"，也非实名。如果不熟悉木心和文中其他人物，不了解当年的情境及事件始末，确实无法读懂这篇含有诗词的短文。

文中所称"金师"，有木心的研究者曾经在网络上苦苦搜索，但不得其解，只得罢休。其实这里的"师"，是木心沿袭了古人传统的风格对艺术家的尊称，也即他对自己的朋友钢琴演奏家金石的尊称。有幸的是，我与金石为忘年交的密友。1979 年我曾师从他父亲金武周先生学习英语，常去他家单独上课。当年金老先生为华师大翻译《社会城市学》（Urban Sociology）时，邀我担任助手，负责编辑中文和誊写。该书翻译历时二年之久，我随侍在侧，金老视我如家人。金石的母亲病逝之前，我与他的弟弟妹妹轮流去医院陪夜照料。此处之所以提及金石的父亲，还因为他是国内社会学的奠基人，童年时在浦东家乡曾受到美国传教士 Silver 女士的悉心栽培，赴美留学前就读于燕京大学，亦曾师从校长司徒雷登习希腊文。

金石是家中长子，当年曾与傅聪、李名强等才子一起师从俞便民先生习琴。1956 年，年轻的金石受聘东北音专（现沈阳音乐学院）任钢琴教师，同时在波兰钢琴家霍尔诺夫斯卡班上进修，1957 年 7 月曾赴莫斯科参加第六届世界青年联欢节钢琴比赛。当年国内选拔赛极为严格，同时参赛的鲍蕙荞等纷纷落选。论琴艺，金石在当时东北首屈一指，时任文化部部长的周扬去到沈阳，指定要听他的演奏。在木心最为喜欢的兰心剧场的舞台上，金石是当年第一位登台举办独奏的国内演奏家。

金石每回上海探亲（即木心文中"自挹娄返申省亲"），沪上朋友就热闹起来，因为能欣赏到他的钢琴演奏，即使在那段非常时期，也不例外。演奏地点多处，常有变换，或是在上海的学生家中，或是倾慕他的朋友家中。

木心年长金石五岁，彼此倾慕，都是朋友圈中最受尊敬的杰出者。金石也是极少数去过木心住处的熟友之一，有一次音乐学院放假来上海探亲，同木心聊得时间晚了，就地留宿在木心那里过夜，打了地铺，盖一条深绿色的毛毯。

金石曾在徐永年虹口区吴淞路的家演奏过一次，离木心寓所所在的东长治路很近，步行十分钟左右。自然，到场者都是圈内朋友，如木心所记"滨友咸集"。徐永年家只一室，并一小小的天井，朋友们一多，屋里待不下，许多人就站到天井里，邻居也有探头聆听者，以至弄堂里为之挤了不少人。那次音乐演奏的聚会上，金石每奏一曲，总要站在琴旁先向听众介绍曲目内容。金石演奏了的他自己最拿手的肖邦与李斯特，其中"第一匈牙利狂想曲"速度快，力度大，高潮接连不断，徐永年家那台老爷钢琴随着猛烈持续的敲击，有些摇晃，翌日，徐永年说整个琴弦差不多散架了，音准失灵，只能请人校音。

非常时期之前，沪上私人拥有钢琴的家庭很不少，时或弹奏，引动邻人聚听，不但无碍，甚至是时髦之举，待到风暴骤起，头几个月抄家之风猖獗，据市井传言，仅法租界一带就有逾千户人家的钢琴被抄没、被砸毁。聚众弹奏西洋乐曲，包括放听古典音乐唱片，也会立即被红卫兵和居委会目为"资产阶级"散布"腐朽反动文艺"的危险行为，即木心所写"盖大违禁忌也"。然而，便是在1967年抄家之风稍缓，上海人也会趁乱世间隙，将昔日的风雅生活重拾片刻，丹青曾在他记述音乐的散文中写过，"他们这代知青小子聆听古典音乐的记忆，大多是在那个初期。"

前不久，钢琴界的朋友们纷纷撰文或转发，纪念用煤气辞别人间的上海著名女钢琴演奏家顾圣婴，令人深切叹惜。这第一位在国际上获奖的顾圣婴，与金石一家都很熟悉，常有往来。我还记得金石曾告诉我说，当年顾圣婴常去礼拜的教堂，就在昆山路上的景林堂。

不久，金石在上海又曾举办过一次钢琴独奏。木心没有记载演奏地点，如今许多朋友除了模糊的印象，也记不得在哪里举行。后来我去金石家里拜访提起时，回忆起是在他一位蒋姓学生的家里，地处虹口溧阳路一栋独立小洋房，路边的大门进去，有个较大的花园。金石至今还记得很清楚：学生家的钢琴质量好，经得起弹奏。陈巨源也曾回忆起："另有一次，是金石他们找的一处地点，好像是一间很大的房子，里面空空的却有一架很高级的大钢琴。我们不清楚这是什么地方，去过就忘了，如同梦境一般。那天听众不多，都是特邀的好朋友，其中也有木心。"

这是一场典型的非常年代的地下音乐会：金石特意安排了第一个曲目演奏《东方红》，又以《国际歌》作为结束。那时的艺术家何其扭曲，又是多么天真，以为革命曲目便能为西洋音乐的演奏提供一道护身符、一份合法性——接着几首短小的古典名曲，金石亮出了当天的重头戏：柴可夫斯基的"第一钢琴协奏曲"。曲罢，谦逊的金石向在场朋友征求批评与感受，木心居然当即分析了柴可夫斯基的每个乐章、每个乐段，可见整部协奏曲他都了然胸中。接着，还竟细细评论了这首脍炙人口的协奏曲，指出何处衔接欠佳，何处应该修改。

那天所有人都为崇高而陶醉，谁也没想到，灾难已然悄悄降临，祸及每位在场者，无一幸免。

那天的音乐会令木心激动不已，次日傍晚，大家意犹未尽，再聚南市豫园附近会餐，木心即席作诗吟词，故有文中"促感金师之妙艺""掇长短以倾忱""举世滔滔，轩冕弃尽""谪仙怨绝……豪士悲声"等句，触景生情，叹及自身，深感时代的黄钟毁弃、瓦釜雷鸣之悲壮，更因时势艰危而前景未卜，乃以"红蚕吐丝，苍鹰咽雪"的典故，留下他当时的感慨。不久木心挨整，数度被囚，开始了长达十余年的磨难，苦苦实践了

"苍鹰咽雪"的心志。

词末，木心用了著名的《广陵散》典故，"广陵散，愿一曲初罢，匝地阳春"，寥寥数语，骤然提升了那次音乐会的境界，也说出了他内心对金石演奏的更高的理解。在《文学回忆录》中，读者应该记得他对嵇康的高度崇敬，激赏他临刑弹奏《广陵散》的决绝与伟大，"高风亮节，直指天星"。前蜀韦庄在《赠峨眉山弹琴李处士》中曾有诗曰："广陵故事无人知，古人不说今人疑。"

演奏会后不久，木心将这份手书的《沁园春》诗稿赠予金石。那年木心四十岁，正当血气方刚，以《广陵散》形容肖邦、李斯特的琴声，具有双重的历史感。然而，木心捻来"广陵散"典故，一语成谶，过了近二十年，当《西班牙三棵树》在纽约写成书稿后，木心为这首当年的词令，以古文追述了这段往事：

> 越明年，金師以私擧音樂會入罪，搜身得此手稿，旋下獄，卒貶為牧豬奴。時維戊申，余亦縶圄圉，羅織煽構間，添此一大文字孽。

正是这五十七个字，隐藏了以下一长串触目惊心的故事。

就在木心赠词的次年，金石回沈阳不久，即遭遇批斗，并隔离审查，木心赠送的《沁园春》不幸落入音乐学院的当权派手中，即如木心文中所述："搜身得此手稿。"回到当年局势，这首词稿是足以大肆问罪的铁证，金石"旋下狱，卒贬为牧猪奴"，被关押在学院的猪圈，与猪为伍，边监督劳动，边写交代材料。

昔年，金石的父亲曾让我为他撰写回忆录（其实是他用英文书写，我用中文为他编译润色，共数十页）。金石得知，也请我为他编写回忆录（他几次来我家，我都备了酒，起初不敢请他开饮，因他信教，但他并无忌讳，饭后即开始口述，由我先记录），其中即谈到他那次入罪挨整时与猪为伍的经历，确乎印证了木心的古语"贬为牧猪奴"。他回忆在猪圈期间与木心相似的经历与心理：唯恐丧失琴艺，不得不在硬纸板上画下琴键，偷偷练习，长达数年之久。

将近五十个春秋过去了，多少沧桑变故。其间虽曾数次去沈阳拜访他，住宿在音乐学院，自他父亲故世后，很少联系，他的手机总是处于关机状态。在丹青谈及那首古诗后，我几番周折，终于找到了他退休迁回沪上的寓所，春节之际特地赶去看望了他。老人已年逾八旬了，见面时彼此喜出望外，与我聊起不少金家的往事，但当我提起那两场地下音乐会，以及木心获罪等往事时，他却语焉不详，表示记不清楚了……

也许年老体衰，记忆模糊，也许不愿回首当年的痛苦，给老来心灵的宁静平添刺激——我理解他。实际上，从其他受到牵连的朋友那里，我早已获悉了那场冤案的不少详情。要之，凡当天出席地下音乐会的所有朋友，无一幸免，个个获罪。

金石被斗后，沈阳音乐学院将此案定性为"反动集会"，立即派专案组赴沪调查。木心于1968年先已被单位隔离审查，身陷囹圄，因为参加地下音乐会，更因《沁园春》诗稿，白纸黑字，坐实了来自沈阳方面的新罪证，故有"时维戊申，余亦萦囹圄，罗织煽构间，添此一大文字孽"。至于木心如何因此而雪上加霜，加倍受害，他从未对朋友言及一字，仅在出国后以这篇文字并《沁园春》列入《西班牙三棵树》，以为记录——"呜呼！广陵散之不祥，古今如斯"。

然而木心可能并不知道，也许他知道，而我们不知道他知道：沈阳音乐学院专案组的赴沪调查，后果之惨，以至于出了人命——当时出席音乐会的朋友中，有一位被我们尊称的朱先生，早年留学欧洲，也是狂热的音乐爱好者，我曾跟他短期学过德文。他常邀请朋友在家聚会，办小小的音乐会，金石的每次演奏会他也每场必到。此案最惨的受害者，正是这位朱先生。他的夫人同上海歌剧院关系甚密，常事伴奏，并与歌剧院另一歌唱家吴贻是好友。朱先生因多次出席金石的地下音乐会，于是获罪。金石事发后，沈阳音乐学院调查组随即到来，隔离审查，朱先生被造反派抄得家徒四壁，朱太太不堪受辱，自尽而亡，痛失夫人的朱先生从工厂水塔纵跳而下，幸未丧生，却摔断了一条腿。

木心的另一位好友陈巨源，却以逼出来的机智，躲过一劫。他也出席了地下音乐会，自然列在南下专案组审查名单内。他回忆道：某日局里通知他接受外调。那个时期，外调是一件凶险之事，谁都感到害怕，但无可躲避。只见两位自称沈阳来的人员，劈头就问："金石兄弟在上海搞地下演出、反动集会，宣扬西方和修正主义的音乐，你也经常参加，现在你好好回忆，有哪些人参加，弹了哪些东西，要老实讲出来。坦白从严，抗拒从严。"

不料陈巨源思想早有准备，回答说："喔唷，这就难了，我是搞美术的，音乐根本不懂，喜欢唱唱歌，他们把我拉去，因为都是朋友么，就去听听，钢琴很难懂的，叮铃咚隆不知弹什么，现在我什么都忘了，因为本来就不熟悉嘛。"

对方说："你别推得干干净净，金石什么都讲了，你还是老老实实交代好。"

巨源答说："金石什么都讲了，你还问我干嘛，他是音乐学院的，我是一个工人，从来没学过音乐，对钢琴一窍不通，最好去问问学过音乐的人。"

几个回合下来，陈巨源坚不吐实，一问三不知，调查组迫于他的"工人阶级"身份，最后要他在笔录上签字，这才了事。临走警告说："关于金石，想到什么要向学院里反映。如有隐瞒，后果自己负责。"这时，陈巨源才知道金石出事了，而且祸起地下音乐会。至于其他与会者的故事，因外界不知其名，姑且略过不提。

此事过去整整四十九年了，已和无数当年的冤案一样，渺然远去。时过境迁，虽然人们很想知道，远在沈阳的音乐学院究竟怎么会知道金石在上海举行音乐会，以致对所有出席的人专案调查，大动干戈，祸及木心等人？如今这一点已难以澄清，并有各种揣测。有的朋友认为是有人向学院举报，有的朋友认为是金石在批斗和审查时，受到恐吓，出于恐惧，屈服之下被迫交代，也有朋友认为是金石在学院斗私批修时，以忏悔的心情主动交代在上海举办的音乐会活动。这一切在今天已不重要，而大多数人也都不愿再去回忆。

古时嵇康善弹《广陵散》，秘不授人。后遭谗被害，临刑索琴弹之，曰："《广陵散》于今绝矣！"木心在全文结尾时再次慨叹："呜呼！广陵散之不祥，古今如斯。"可见其心情的悲切。

那天我看望金石时再次问道：你为啥对木心的"深藏不露"印象特别深，今天对我重复了好几次？他回答道：你与他在一起的时候，能够感觉到他藏着许多许多东西，深不可测，但是他不想讲，你只能从他的眼睛里感觉到。

我将手机拍下的那篇短文给金石看。他看后默不作声，沉思了许久，最后还是只说了那句：他是深藏不露。

破译木心的这篇短文，还原木心这段鲜为人知的历史，心情十分沉重。我们今天读到的木心，我觉得还只是他心灵的表层。深藏不露不仅是性格，而且是一种很高贵的品质。

进入八十年代初，木心已是上海工艺美术协会秘书长，金石则恢复沈阳音乐学院钢琴系教授，身份地位都不在众人之下，年龄却都五十以上，但俩人依然还是单身，朋友们为之关心，纷纷替他们寻找合适的婚配，撮合对象，安排约见，但无一成功，直至终身，人人为之惋惜。

南冠双加的木心

在已经出版的著作中，木心极少提及自己的心迹，上海期间，种种艰难苦衷，喜怒哀乐，从不轻易吐露，偶尔有蛛丝马迹，也仅仅片言只语，掩藏得严严实实，常人难以察觉。正如《西班牙三棵树》三辑中那些密码般的古语文言那样，非当年与他有密切往来、亲历其境者，几无可能破译，而恰恰是这些文字，极为生动地展现了当年上海时期的木心，难得一见，弥足珍贵。

下面是三辑中的"其八"，全文仅三百多字，先录下书中的原文：

丙辰二月予起壽奈南冠雙加莫展一籌奴役生涯日未出而作日入不得息胼手胝足踉蹌夜歸滌垢平喘俟四鄰俱寂乃鎖扃蔽窗挑燈憁作小畫累百選五十成帙自

簽玉山羸寒樓藏畫集為陳氏昆季知以設宴賀壽索觀
是夕微雨小樓一角頗幽潔餚漿羅列有烤豬肋鳳尾魚
之屬陳氏難兄難弟寢饋筆墨一時之俊彥也弟新婚甚
燕爾言新婦雅擅胡笳十八拍詢及沈家聲抑祝家聲瞠
莫對轉以居安思危調之一室粲然夜闌席終予體疲不
勝酒而興猶未盡醉腕拈毫以謝主人吉雨霏霏良朋姍
姍別樣蘭亭有人清如鶴才高比天雙飛彩翼獨攬青雲
龍臠味腴鳳尾香滿風月酬酢忘主賓更煮酒論當世英
物誰與卿卿年華屈指堪驚賸兩三枯枝也鬧春此犀燈
一點鮫珠百斛千梏嫌少萬劫猶真陽春白雪放誕風流
莫道今人輸古人笑回首識三生石上舊時精魂處溝壑
而輕狂若此洵可樂也

短短篇幅，几乎没有任何读者，包括当年首发在台湾地区
的编辑，欲解其意，无从着手。

这里先将此文转为简体，断句，然后再逐一举出文中典故，
释其来龙去脉，不仅可见木心传统文化的底蕴、文字写作的才
华，亦显当年上海时期木心的真实处境和精神状态。

丙辰二月，予起寿，奈南冠双加，莫展一筹。奴
役生涯，日未出而作，日入不得息，胼手胝足，踉跄
夜归，涤垢平喘，俟四邻俱寂，乃锁扃蔽窗，挑灯緫

作小画。累百选五十成帙，自签《玉山赢寒楼藏画集》。为陈氏昆季知，以设宴贺寿索观。是夕微雨，小楼一角颇幽洁，肴浆罗列，有烤猪肋、凤尾鱼之属，陈氏难兄难弟寝馈笔墨，一时之俊彦也。弟新婚，甚燕尔，言新妇雅擅胡笳十八拍，询及沈家声抑祝家声，瞠莫对。转以居安思危调之，一室粲然。夜阑席终，予体疲不胜酒，而兴犹未尽，醉腕拈毫，以谢主人——

吉雨霏霏，良朋姗姗，别样兰亭，有人清如鹤，才高比天，双飞彩翼，独揽青云。龙脔味腴，凤尾香满，风月酬酢忘主宾。更煮酒，论当世英物，谁与卿卿？

年华屈指堪惊，剩两三枯枝也闹春。此犀灯一点，鲛珠百斛，千杯嫌少，万劫犹真，阳春白雪，放诞风流，莫道今人输古人。笑回首，识三生石上，旧时精魂。

处沟壑而轻狂若此，洵可乐也。

在古代诗文中，"南冠"通常为那些被冤枉和诬陷而陷入困境的人的自喻，后世也用"南冠"比喻有才学的人。

在现存文献中，"南冠"一词的最早出处，见于《左传·成公九年》。最初的词义不过是指"南方的帽子"或"楚国的帽子"的意思，后人取晋景公之言，以"南冠"代指钟仪有"楚

南冠双加的木心

101

囚""囚犯"之解。

木心在这里非但用了"南冠"一词的典故，而且还"奈南冠双加"。五十大寿之际，头上不仅一顶帽子，双重罪名，列为另类，可见其一筹莫展，奴役生涯之沉重，无可奈何。

"日未出而作，日入不得息，胼手胝足踉跄夜归，涤垢平喘。"自述当时被劳役折磨的疲乏艰苦，哪有一丝如今《从前慢》一曲的浪漫诗意。

尽管如此，如同用文字写作救赎自身一般，木心依然坚持作画，以明心志，文中首次自述他当年作画的状态："俟四邻俱寂，乃锁扃蔽窗，挑灯 作小画。累百选五十成帙，自签玉山赢寒楼藏画集。"活生生再现当年的情景：待到回家后获得喘息，洗涤白日里劳役中的满身污垢，等到四周邻居静寂，才锁门关窗，作起画来。当时已积累上百幅画，选了其中的五十幅，自成一集，题为《玉山赢寒楼藏画集》。"玉山赢寒楼"是木心自喻。在当时的环境下，木心的这些画非但与时代完全格格不入，还有很大的担忧，所以只能称为"藏画"，不敢称为自己的作品，以免再生祸端。

文中除赞赏美味佳肴和陈氏兄弟俊彦之才外，还有一段小小的插曲。这次祝寿看画的酒席安排在陈巨源的弟弟陈巨洪家中，而木心对巨洪的才能，一直赞赏，甚至直言不讳地认为其才在陈巨源之上。彼时正值陈巨洪新婚燕尔，妻子林正斐是当时朋友圈中有名的才女，为男性朋友所倾慕钦佩，林正斐因为才貌出众，自然性情桀骜，自持才高，巨洪向木心提起正斐精通蔡文姬的《胡笳十八拍》，此刻木心在场，也是正斐显露才艺的时机。木心也自然知悉正斐，不料却当场"询及沈家声抑祝家声"，也即你这《胡笳十八拍》是沈家声还是祝家声？林正斐一下子瞠目结舌，不知其可，被木心突如其来的询问懵住了，尴尬万分。木心见状，立即将话题转移，谈起居安思危什么的，引得"一室粲然"，满堂大笑，气氛立即调转。

木心这一询问，令人不得不服，谁也料不到他对《胡笳十八拍》如此精通熟稔，这学问岂是一般朋友所及，更不敢在他面前班门弄斧。这里有必要将木心所询的"沈家声抑祝家声"典故略做解释。《胡笳十八拍》在史上有大胡笳和小胡笳之分。"大胡笳十八拍，小胡笳十九拍。《西麓堂琴统》曾记：蔡文姬被掳十二年，既生子，自伤薄命，着哀辞十八拍。后魏主丕惜其才，重货赎归。胡人思文姬，因吹芦叶为笳奏哀怨之音。后唐董庭兰以琴写之。初唐琴坛流行的祝家声、沈家声，就以这两曲著称。董庭兰继承了两家的传统，整理了传谱。董庭兰善为沈家声、祝家声，以琴写胡笳声，为大小胡笳是也。"如此典故，非常人所知。可见木心对中国古典文化的涵养之深。

酒兴正浓，木心虽然自述体力疲劳，不胜酒力，然千杯嫌少，乘醉赋诗挥毫，难以自抑地抒发心底慷慨之感：虽万劫犹真，身处劫难之中，不失阳春白雪，放诞风流。尽管寥寥数人，两三枯枝也闹春，苦中作乐，依然能煮酒论当世英物。尤其最

南冠双加的木心

后称道"莫道今人输古人",谁说我们比古人差呢？轻狂之下，不亦乐乎。逆境之下，木心如此乐观通达，贯穿一生，实是难能可贵。

木心《西班牙三棵树》一书出版许久，三辑几乎无人在意，连文中提到的"陈氏昆季"，即陈巨源兄弟（昆季为陈氏昆仲之属），虽有木心的著书，也没注意。直至陈丹青向我指出三辑中的"其八"，力求破解，我也才开始仔细阅读《西班牙三棵树》的这辑，发现除"其八"之外，共有四篇同上海时期的朋友相关。其中两篇同陈巨源有关，"其四"同钢琴家金石有关，另有一篇同木心的另一好友作家徐永年有关。

一俟发现，我即刻将这四篇打印下来，"其四"给了金石，"其八"和"其十六"给陈巨源本人一阅，由他细细品味回顾。

择日，我特地去巨源府上饮酒详聊，一起琢磨词句，回忆起昔日的情景。三辑中的"其十六"，我转发给了远在澳洲的徐永年太太周捷。

临飞前一刻的噩占

1982 年 8 月夏末，木心从虹桥机场出发，经由香港飞往纽约，告别上海。当飞机脱离跑道腾空而起的瞬间，面对未知的未来，回首窗外的故土，谁也不知道百感交集的木心，在这梦寐以求的非常时刻，究竟有何感慨，他也不会对谁说起。他总是将自我隐埋得很深，从不直面显露。

从上海到纽约，是木心一生中两大重要时期的转折点，无疑也是一生中的非凡时刻，这时的心情究竟复杂如何，心中最为默念的是什么？几乎无人知晓。

在《鱼丽之宴》中"散文起缘"一文的末尾，木心曾有一段简单的自述：

一九八二年初秋，我离开上海时，朋侪送行到机场，赋诗为别，诗曰：

沧海蓝田共烟霞，珠玉冷暖在谁家。
全人莫论兴衰事，铜仙惯乘来去车。
孤艇酒酣焚经典，高枝月明判凤鸦。
蓬莱枯死三千树，为君重满碧桃花。

这首诗所披露的复杂感受，暂且后论。诗前的记叙只是流水。不料在《西班牙三棵树》一书的三辑"其十六"中，我再次见到了该诗，是木心在台湾地区出版的原文，惯用的隐秘，文言的密码，珍藏了真实的心灵轨迹。

壬戌夏末予筹赴新大陆整饬烦苦犹老女乍嫁仓皇自理妆奁八月杪滬郊虹橋機場臨飛嚶占一律滄海藍田共煙霞珠玉冷暖在誰家全人莫論興衰事銅仙惯乘來去車孤艇酒酣焚經典高枝月明判鳳鴉蓬萊枯死三千樹為君重滿碧桃花

诗前的记叙为木心常用的自嘲，也极其写实，生动地再现临别上海前夕的仓皇，处置身后的杂乱事物，用现代的散文来解读，即为1982年夏末，我筹划奔赴美国，种种整饬烦苦，烦琐不堪，好比老女忽然嫁人，仓皇之中，独自整理妆奁。"妆奁"一词今人已经陌生，泛指随出嫁女子带往夫家的嫁妆，语出庾信《镜赋》"暂设妆奁，还抽镜屉"，这里实为随身所带的

106

寥寥行李。杪，即为下旬之末，从上海西郊的虹桥机场出发，临飞之际，心中默忆起该首律诗，既有仓皇辞庙之感，又有壮志展飞之态，百感交集。

诗中内含两个典故，一为李商隐的《锦瑟》：

> 锦瑟无端五十弦，一弦一柱思华年。
> 庄生晓梦迷蝴蝶，望帝春心托杜鹃。
> 沧海月明珠有泪，蓝田日暖玉生烟。
> 此情可待成追忆？只是当时已惘然。

李商隐在此诗中大量借用沧海珠泪、蓝田生烟、庄生梦蝶、杜鹃啼血等典故，以瑟之华美暗喻才华出众，又以瑟之"无端五十弦"暗示华年悄然流逝，伤痛之情，悲愤之意，隐隐含于"无端"之感叹中。

另一典故则为李贺的《金铜仙人辞汉歌》：

> 茂陵刘郎秋风客，夜闻马嘶晓无迹。
> 画栏桂树悬秋香，三十六宫土花碧。
> 魏官牵车指千里，东关酸风射眸子。
> 空将汉月出宫门，忆君清泪如铅水。
> 衰兰送客咸阳道，天若有情天亦老。
> 携盘独出月荒凉，渭城已远波声小。

李贺诗中的金铜仙人在此诗里更为人格化，既交织着家国之痛和身世之悲的凝重感情，又纠集了别离汉宫故地时的凄婉情态，此时此刻，前程千里遥遥而依依不忍离去，悲凉幽冷，恨别伤离，不禁令人潸然泪下。尽管如此，虽怨愤之情溢于言外，却并无怒目圆睁，愤而难平，而是刚柔相济，恨爱互生。凡此句句诗行，作为典故引入，无比生动。

同此刻的木心贴切的是，典故运用得感而不伤，全篇精诚励志，不仅"高枝月明判凤鸦"，更有最后的"蓬莱枯死三千树，为君重满碧桃花"。木心不止一次地记叙下来，可见对他心理的触动之深。

周捷当年常写日记。木心的作品在大陆出版后，周捷都买来细读。有一次偶然读到《鱼丽之宴》里木心的那段文字，不由惊奇起来，觉得那首律诗她太熟悉了，清晰地记得自己还一字不漏地抄录下来，尤其是诗里"蓬莱枯死三千树，为君重满碧桃花"中的"枯死"，当时的原文实为"枯枝"，所以印象特别深。

周捷还曾将这首诗用现代散文来解读：

想起了月光下海上鲛人的珠泪，想起了暖阳下蓝田美玉的轻烟，美好的情景都如烟霞消散了，有谁还能懂得这其中冷暖自知的悲伤呢？当年想那武帝宫中的金铜仙人，岂有知觉，也竟承受了时代的兴衰，挪移迁徙，来回没个安宁。孤舟一叶载着喝醉了的我呀，什么经典、思想，统统烧一个精光。月儿在高枝上明亮着哪，是凤凰是乌鸦，骗不过咱的锐眼。且看远方蓬莱岛上那枯死的三千桃树。今日要为你开满了烂漫桃花！

木心在文中用了"临飞嘿占"一语。"嘿占"一词，不同于古文常用的"口占"，是指在心中默默作诗，"临飞嘿占"则指在机场临飞的一刻，心中默默作诗一首。

木心飞往纽约的具体日子，上海所有的朋友和同事都一概不知，也都没有到机场送行。也就是说，谁也不知道木心的这首律诗，既然如此，为什么周捷又说曾经抄写过呢？周捷说她抄写过，我是深信不疑的，但为什么会出现这个矛盾？这一点周捷自己也怎么想不明白。为此我同她琢磨许久，都无法解释。

最后解开这个谜的，是一次偶然的机会，我到陈巨源家做客，边饮边聊。因为我给他看了木心在《西班牙三棵树》的三辑里两篇涉及他的文言古文，他很有兴致地研读起来。言谈之间，巨源说道：其实在这篇文字里，木心其中藏着的《沁园春》词牌，他曾抄写过，并且拿出当时抄写的原件，工工整整的笔迹，写在年份已久的薄薄的旧纸上。我就问他，木心这篇文字是在去美国之后发表的，你怎么会在上海将它抄写下来的呢？

巨源回答，其实这篇文字在木心离开上海之前就写了。

我到他家里去看他时，喝了点酒，木心当时将这篇记叙我们聚会时感怀的古文给我看了，我觉得其中的《沁园春》写得特别好，也钦佩木心的文笔，所以就抄写下来了，留作纪念。

听巨源这么一说，我立即恍然大悟。原来周捷之所以牢记这首"嘿占"的律诗，并且抄写下来，同巨源的情况一样。

木心去美国之前，曾到徐永年夫妇家做客，饮酒酣谈。离别几十年来的上海，告辞多年的老朋友，不免百感交集，于是当场写下了一首律诗以表此刻的心情。木心同永年多年交往中常以诗词往来，周捷见这首诗写得不同寻常，当时就抄写了下来，因此才会牢记，甚至连诗中的原文"枯枝"都记得，指出发表时的"枯死"之误。

木心不忘将上海时期的几篇旧文带到纽约，随后发表，可见他在纽约时期之初，还对上海的情缘留存一丝依恋。尽管那段过往的历史和记忆，对处在纽约这片全新土地上的木心，已是一片废墟，但素履之往到大西洋彼岸之后，还是一点一滴地搜寻了出来。

我虽总说木心的性格"深藏不露"，但他仍偶尔在朋友面前展露峥嵘，凡是略感自己有所成就之处，常会熬不住给友人看，一起分享。这正是他性格可爱的一面，甚至是带有孩子气的艺术家一面，只不过表现得较为含蓄而已。有时明明只是写给自己看，但还是会拿出来向朋友显露一下，满园春色关不住。

上海早期的木心轨迹

一

2017年春节期间，我们几位老友在王元鼎家聚餐，席间又不免聊到木心。一聊到木心，王元鼎语气肯定地说："其实木心不是乌镇人，伊是浦东人！"

听他这么振振有词地说，我们听了只是莞尔一笑，陈巨源还悄悄地与我说，元鼎不止一次这么说木心是浦东人。木心是乌镇出生的人，这有什么可以争论的呢？说木心是浦东人，不过是元鼎还在生木心的气而已。

后来细想起来，王元鼎这话，还真没有很离谱，只是木心同他讲过很多在浦东教书和生活的往事，印象很深，况且1951年起木心来到上海时，他同母亲及姐妹兄弟全家，也的确都一起住在浦东。即使他自己独自一人来到浦西工作和居住，结识王元鼎等上海的朋友之后，只要有空方便的时候，经常会去浦东高桥看望留在那里的亲人，所以王元鼎认为木心是浦东人，而木心又是不喜欢什么都说的。

正因为如此，若要写关于木心的上海回忆录，他早期在上海浦东的轨迹，不可缺失。凡读过《同情中断录》的，也一定能在其中寻觅到许多不可磨灭的回忆和细节。

我有位朋友海青，同上海中国画院的著名画家、上海林风眠艺术研究协会副秘书长朱朴先生十分相熟，还约我一起去看望朱老先生。朱朴先生的老友之子辛旭光称其为叔叔，他不仅对林风眠的艺术研究颇多，而且对木心也有很多的探索和研究，曾开车同朱朴先生和胡海萌一起去乌镇的木心美术馆探访。同时辛旭光还特地多次去浦东高桥，采访了木心的外甥女王奕，回顾了上海时期的木心居住在浦东高桥时段的生活，记录了较多的往昔珍贵的记忆。

海青向我推荐了辛旭光，并介绍了他曾在《上海采风月刊》上发表的《木心在浦东高桥的点滴》一文。这是他亲自采访木心的外甥女王奕的记录。在这篇文章中，辛旭光展示了木心来到上海后，居住浦东高桥五年期间的各种细节，真实可信，弥补了木心上海早期生活轨迹的空白，再现了一位真实与生动的木心。文中还提供了几幅珍贵的照片。

辛旭光此文比较详尽，而本书的重点在于木心六七十年代我所熟悉的时期，于是我就不必由海青介绍，再去重复采访王奕了。

　我同木心的外甥王韦先生见面多次，颇为友好。我曾发给他一些关于木心的文章，他每次都表示感谢。他也向我提供一幅木心珍贵的早年照片，并同意我予以发表。

　2017年夏，当辛旭光得知木心的外甥女老四王奕还居住在高桥镇，欣喜中，多次前去拜访。

　木心刚到上海时，通过报上的招聘广告，主动应聘上海私立四维中学教导处职员职务，以后又担任音乐美术课教师职务。时间约在1950年，此后在高桥镇的四维中学工作五年左右。因为是私立学校，当时也没有教师编制一说。木心先生自叙年表中的时间与此基本相符。

　上海市育民中学原名"私立四维中学"，始创于1947年，由施燮华先生（同济大学土木系毕业生）创办并任校长（1947—1958）。校名"私立四维中学"，含"四人维持"办校之意（四人指施燮华、黄振极、刘导源、陆君翼），同时又合"礼、义、廉、耻"乃国之四维之说。1952年11月校方主动更名为"上海市私立育民中学"。约1954年，学校由上海市教育局接办，性质由私立变公立，从此成为完全中学——上海市育民中学，一直沿袭到现在。

　私立四维中学地处上海郊区的浦东高桥镇上，而高桥镇向来就是沪上著名的古镇，商贾贸易频繁，其街道之规模、经济之繁荣、文化教育传统之深厚，胜于内陆的乌镇。且高桥镇的

约 1977 年底，木心同外甥王韦兄弟姐妹合影（王韦提供）

行政管辖，在解放前后一直属于上海特别市区，一向有公交线路日夜沟通，非常便利。他所任职的育民中学的校园，原来就是沪上十大名园之一的私人花园"承园"。假山丛蘟，小桥流水蜿蜒，其精巧和规模堪与上海城隍庙的豫园花园相比，很得木心的喜欢。且高桥向东三里即是东海边，镇上河网交叉，农商交错，也像是放大版的乌镇，让木心有种亲切感，所以他将新住下的傍河房子称为"河海居"。

1951年秋木心获得四维中学教导处职员职务，负责刻写蜡纸及课程安排工作，1952年学生大增，需要扩大班级，施校长又提出要招音乐和美术课老师。于是木心自荐由他一个人来承担美术和音乐课，也可以为学校省钱。教导处的工作，他推荐自己已失业的姐夫王济城先生来做。因为木心深得施校长（坊间称施大块头）青睐，关系很好，所以施校长同意了。给木心的工资是九十八元，给王济城先生月薪六十九元。木心每月给妈妈六十元菜金，他有一屋子好友要吃饭的，他姐夫交四十元菜金（另要给自己在湖州的孤母每月十元），也是一大家人要吃饭的。

在《同情中断录》中，木心以小说的形式，回顾了当年教师生涯的情景：

翻报找广告栏，浦东某私立中学招聘美术教师，如能兼教音乐，优先。

我在这里任教，纯为生计所迫，不意莘莘学子间，颇有矢志追随者，我想，艺术的道路需要有同行的伙伴，与其等候"朋友"的出现，不如亲手来制造"朋友"。

我不愿当教师，生活逼我重操旧业，而这家私立中学环境优美，又近海滨，可以暂且安身，再作道理。

木心在育民中学一直叫孙牧心，兼教音乐和美术。他与施校长商定，钢琴由他置办（老四王奕回忆说，可能是从杭州搬家时带来的），借给学校使用，每月收租金三十元。

据辛旭光采访王奕的文中叙述，1951 年木心到高桥后，先将妈妈和王宁（排行老二的外甥女）从湖州接到高桥生活，住在镇东的高沙路 91 号。租赁的是高桥镇大学问家沈轶刘先生（现代词学名人，古籍编辑专家）的房子。

木心的妈妈因为心肌炎，除了吃饭很少下楼，到了冬天，饭也是子女送上楼的。但她隔夜必定写好第二天的菜单，由老二王宁带下来，交给木心的姐夫王济城去买菜。老太太也喜欢读鲁迅的小说，鲁迅写道："裹脚布又长又臭。"她说："是这样的，幸好自己只裹了几个月，逃过一劫。"

木心在杭州一个高中教音乐时，深得学生的崇拜，有很多拥趸和追随者，因为木心应聘到上海工作，这些铁杆拥趸希望继续接受木心的音乐辅导，复习音乐课程，准备参加上海地区的音乐院系的入学考试（在《同情中断录》中木心有详细的描述）。最多时，他带了四五位学生兼粉丝一起在高桥同住。老四王奕回忆：对这些学生，木心家是不收食宿费的，这些学生经常带了家乡的土产交给孙母，充作"脩"礼，物品中甚至有燕窝之类，可见这些学生家境一般不错。

自1952年全家搬到上海高桥镇后，他的外甥辈都在高桥长大、外出读书或成家立业。王奕回忆道：1952年她到高桥时才三四岁。木心的外甥王韦1955年生在高桥。1953年，政府重新登记户口，木心认为外甥们的名字都太土了，在上海读书，会被同学取笑的。比如老四原来叫王小明，就改为王奕，顿时文雅十足。木心的五个男女外甥的名字，四个人的名字都是木心重取的。

除大外甥女王剑芬此时已在杭州读大学，不易改名外，其他孩子都得了舅舅的"赐名"。

二

提到木心的大外甥女王剑芬，值得补充一下她的经历。木心的外甥王韦在写于2013年清明前夕的《追忆舅舅木心与姐夫郑儒箴的交往》一文中曾记忆道：

"郑儒箴是木心先生的大外甥女婿（我的大姐夫）。大姐夫出生在香港，祖籍广东潮阳，是香港中国银行前行长——郑铁如先生的长子，民国时期'中国民主促进会'创始人之一谢仁冰（著名外交家章汉夫的父亲）先生的外甥。郑儒箴在香港大学毕业后，先后就读于牛津大学和哈佛大学，专攻英美文学。硕士毕业回国，于 1950 年至 1960 年任浙江师范大学外语系教授，1960 年至 1982 年任北京师范大学外语系教授，1982 年在讲台上突发脑溢血去世。"

"大姐夫学识渊博，并懂英、德、法、俄、西班牙、希腊及拉丁文七种语言，说英文就像母语一样流利。他曾是《毛泽东选集》一至四卷英语翻译小组的成员，与钱锺书先生共事（钱先生是该翻译小组组长），且是钱先生的好朋友。听闻大姐夫去世的消息后，钱先生即写信委托杨绛先生带上信件前来慰问（那时钱先生病重卧床走不动），信中称：'郑儒箴是我最敬重的朋友之一，知道他的人没有不佩服他的人品和学问。'"

陈丹青曾告诉王韦："木心在美国听到郑先生的噩耗后，一边做饭一边流泪说，只觉人生再无意义了。"

木心在作品中曾多次提到王韦的大姐夫，譬如《林肯中心的鼓声》一文中，他写道："我的大甥（应是大甥婿）在'哈佛'攻文学，问他的指导教授，美国文明究竟是什么文明？教授说：'山洞文明。'正直的智者都躲在高楼大厦的'山洞'里，外面是物欲横流的物质洪水——大甥认为这个见解绝妙，我亦以为然。"

二十世纪六十年代初，木心曾参加人民大会堂等十大建筑的室内设计工作，经常到北京，常去王韦的大姐姐王剑芬家："她家藏书丰富，对舅舅来说，这儿不啻第二个'茅盾书屋'，大量向大姐夫借书阅读。舅舅在美国讲《文学回忆录》用的郑振铎编著的《文学大纲》，可能就是从大姐夫那儿借来的。大姐夫有许多郑振铎的书。郑振铎是谢仁冰的朋友，谢仁冰（又名谢冰）民国时期曾任职北京教育部，与鲁迅先生是同事。根据鲁迅日记的记载，大姐夫的父母结婚时，鲁迅先生还送了礼，日记中写道：1920 年 4 月 2 日，'谢冰嫁妹（即大姐夫的母亲，章汉夫的三姑谢纫瑜），送礼泉一。'"

"舅舅还经常对我们说：剑芬（大姐）与儒箴真是天生一对'罗密欧与朱丽叶'。大姐姐出生于乌镇，1960 年与大姐夫结婚后，辞职随大姐夫到北京。大姐姐年轻时非常美丽高雅。舅舅曾带她去林风眠家玩，林先生高兴地拍拍大姐姐的头，连声说：轮廓不错，轮廓不错。"

"1982 年舅舅出国前，专程去北京与大姐姐、姐夫及二姐姐一家道别，并送给两家各一幅挂历，上面印有他画的双鹭图及题词。舅舅出国后，曾写信给大姐姐，还寄给她四本台湾地区出版的他的文学作品。"

另据徐自豪先生《〈毛泽东选集〉英译组人物之郑儒箴》一文回忆：

"木心很欣赏郑儒箴的才华。郑儒箴对弥尔顿作品颇有研究，有一次木心向他请教史诗《失乐园》，两人一连讨论了几个晚上，木心高兴极了，自觉豁然开朗。六十年代木心进京参加新中国十大建筑室内设计工作的闲暇，还经常去郑家借书看。知道木心喜欢欧美文学，郑儒箴曾寄给木心一套英文版的《叶芝全集》，木心非常喜欢，亲自设计了深墨绿色的包书封面。有老友恳求借阅全集后，突然回复书弄丢了！木心挂了电话就与之决裂。"

八十年代初木心出国前，还专程去北京与郑儒箴夫妇道别，这是他们最后一次见面。

王剑芬一家同钱锺书夫妇交往甚密，她的先生郑儒箴与钱锺书先生同在一个翻译组，相处了多年。业余时间里，他们经常聊天，谈笑风生。杨绛翻译《堂·吉诃德》，需要西班牙文的字典作工具书。当时的情况不像今天那么开放，向国外买书极不方便，因郑儒箴先生有海外关系，钱先生就托他向国外购得，这对杨先生翻译塞万提斯的这部巨著有很大的帮助。

"译作出版后，钱先生和杨先生夫妇请我们去政协礼堂吃饭，以表谢意。"

王剑芬在自己的回忆中也写道，郑儒箴病故离世时，钱锺书先生因为身体不好，但立刻写来一封信，又派他的女儿来。

"钱先生给我的信中说"——

剑芬同志:

昨天惊闻 儒箴同志的噩耗,十分悲痛。他和我在三十年前愉快地一起工作,是我最敬重的朋友之一。知道他的人没有不佩服他的人品和学问。他突然逝世,国家丧失了一个人才,学校丧失了一位良师,我个人也丧失了一位益友。你的伤心,是可想而知的。我因天气转冷,哮喘旧病蠢蠢欲发,不便出门,未能亲来吊唁,表示歉愧。在此写信慰问,并嘱小女钱瑗代表哀悼。望你加意保重身体。

此致敬礼!

杨绛问候

十一月八日

1966年后,当木心遭遇困境时,王韦回忆道:"舅舅工资减半,大姐姐每月寄十元钱给舅舅补贴生活费。舅舅去美国留学,他们出钱买机票,还送给舅舅白金项链等。"

木心赴美后,很长一段时间没有什么信息。外甥女王剑芬非常着急,先后写了许多封信给木心,由弟弟王韦帮她写的信封。可惜因搬了几次家,均未收到。后王韦终于在网上搜索到舅舅在美国举办画展的消息并告诉大姐,大姐姐听了非常高兴。

约在1994年,即木心去到纽约十二年时,去信给他的大

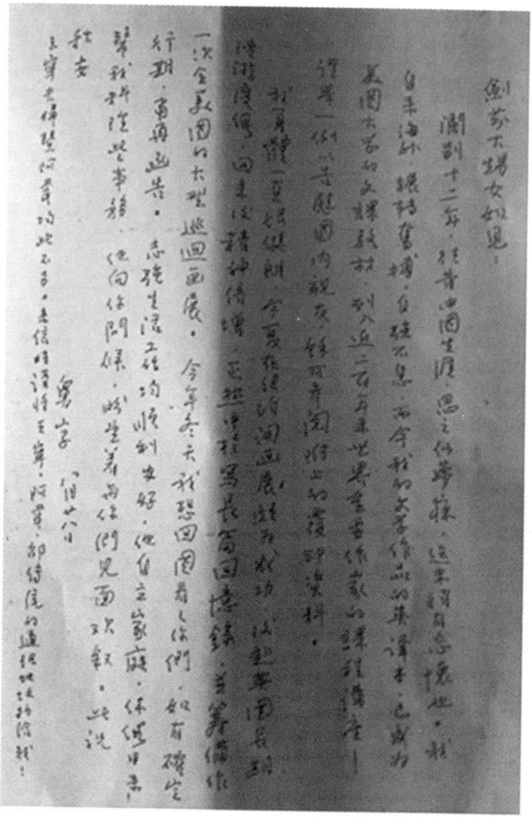

木心信札

外甥女王剑芬，信中对家中的亲人无比怀念，叙述了自己"辗转奋搏，自强不息"后初获的成就，同亲人分享。此信弥足珍贵。

剑芬大甥女如见：

阔别十二年，往昔中国生涯思之似梦寐，远未稍日忘怀也。我自来海外，辗转奋搏，自强不息，而今我的文学作品的英译本，已成为美国大学的文课教材，列入近二百年来世界重要作家的课程讲座——仅举一例以告慰国内亲友，余可参阅附上的复印资料。

我身体一直很健朗，今夏在纽约开画展，颇为成功。后赴英国长期漫游度假，回来后精神倍增。正热衷于写长篇回忆录，并筹备作一次全美国的大型巡回画展。今年冬天，我想回国看看你们。如有确定行期，当再函告。志强生活工作均顺利安好。他自立家庭，休假日来帮我料理些事务。他向你问候，盼望着与你们见面欢叙。此祝

秋安

舅字 八月廿八日

王宁夫妇暨阿韦均此不另。来信时请将王宁、阿韦、邵传统的通讯地址均给我。

三

1956 年木心调上海美术模型厂工作后，每到周末也是回到高桥家里来的；1967 年，木心的姐姐孙彩霞因心肌炎症过世在高桥，令木心悲恸不已。木心与姐姐孙彩霞特别亲，饭余聊天讲到高兴处，会与姐姐孙彩霞一起用吴语背诵唐诗，模仿他小时候的塾师夏承焘先生摇头晃脑的样子"唱唐诗"。

辛旭光在采访王奕中提道：1956 年间，木心先生的学生陆续或考学或工作，离开高桥镇到上海市区生活，其中一位潘先生，在新单位被人举报"收听敌台"。被抓后交代出他在高桥的群居情况，木心是"群主"，当然受了牵连，就被一网打尽收监关五个月。后查无重大案情，就不做刑事处理，无罪释放了，结论依稀是犯了自由主义的错误。但他租给学校钢琴，每月收三十元租金的事，算是剥削的铁证。

木心在押的五个月期间，他母亲原有家传心肌炎症，加上她对独生儿子的担心，突然发作病逝了。等木心释放回来后，姐姐孙彩霞指着庭院中枯萎的玫瑰花，对木心说：那是妈妈亲自种的花，它随母亲去了。木心徘徊端看了许久，不语。

据王奕回忆，木心从来不穿军便服，买来的外套，一定要让姐姐改成立领的学生服，葆有民国文学青年的风范。白衬衫则一定要改成小尖领，以示独立的审美情操。安静的时光到了1964 年，浙江乌镇老家搞四清运动，不知在孙家哪个亲戚家里，发现了一份民国的地契，上面有木心姐姐孙彩霞的名字，按地契上的时间算，那时木心姐姐才十七岁，应该是老辈给她准备的"陪嫁田"吧。（根据木心回忆，解放前，他在父亲病逝后不久，早就将乌镇的田地全数卖出，全家搬到杭州做小生意了）这在当年是大事，老家那里特别发出公函，给上海川沙县高桥镇，说是放过了一个阶级敌人，于是木心姐姐孙彩霞就被戴上了"漏划地主"帽子。全家也就背上这个罪名。

1967年8月，高桥镇的造反派名正言顺地到孙家破四旧，把孙家贵重的家具文物都抄去了，将木心在解放前后年轻时写下的所有书籍画册文稿全部带走了！一个月后，镇上造反派送来了一份抄家清单，上面没有记载"两包细软"的事，另一派红卫兵则连抄家的清单都没送来。

1971年落实政策，发还抄家物资。只送还了两件东西：一只金丝楠木骨灰盒（木心母亲的，后2010年由木心携去落葬乌镇），一件木心的的确良衬衫。书稿之类则没人再说起，如果这些书稿还在，木心的著作可能不止多一倍，作品内容一定更丰富和激情！

1978年，木心的外甥王韦参加高考，外出工作生活。现在高桥镇唯留老四一家在兹。他们早就自认高桥人了。

1982年元月，木心去国离乡前夕，特地回到高桥镇，与唯一还住此地的外甥女王奕（老四）家里，并与外甥女夫妇和两个外孙子女拍照留念。木心对外甥女说："有好心人帮助我出

1982 年春节，木心在高桥与外甥女王奕的丈夫王亚民
及俩外孙合影（图片来自《木心在浦东高桥的点滴》）

国，最后机会了！"

2010 年左右木心归国，高桥镇历史文物陈列馆也专门派员到乌镇拜访他，也有索征些木心文物的意思。先生回答："感谢，东西留存不易，不再分散了。"

在辛旭光访谈结束时，王奕夫妇取出一个大镜框，那种红色年代装领袖照片的大相框，中间装了一张泛黄的画片，画着两只寒水鹭鸶。王奕说是舅舅画的，但不是真迹，是八十年代初的印刷挂历，舅舅送的，当年挂历是稀罕物；下端是七八张家属合影，王奕说，大多数是报章杂志上下载的。只有王家姐妹三个与二姐夫的一张合影，和木心 1982 年来高桥时的两张与老四家的合影是家庭旧藏。舅舅的其他资料都由老五王韦负责，带到北京，大多选赠给浙江乌镇的木心纪念馆了。

小翁

木心在给王剑芬大甥女的家信中，特地提起了志强，视为家人。人们很难知道这位志强是谁。在回忆起上海时期的木心时，难免会提一下木心的忘年之交小翁，而小翁就是信中的志强。在大家熟悉的纽约文学班结业时的合影中，小翁就坐在前排。纽约期间，丹青也在生活上帮助过小翁，还帮他寻找工作。

当年我们到木心的居处拜访，常见到一位年轻人，大家都叫他小翁。也许是潜移默化吧，因为他是木心的邻居，可谓"远亲不如近邻"，受到木心的多年熏陶，待人处事，显得文质彬彬，十分得体。

无论木心在上海，需要送达给朋友的诗词文字往来，还是去到纽约之后，赠送给朋友的新出版的书，或报刊上剪下了的有关文章，都寄送给彼时尚留在上海的小翁，再由他转送给有关朋友。怎么剪下来怎么寄给小翁，丹青至今还留有印象。

木心有两篇论文手稿的复印件，都是小翁送达给我的。一是《动机与效果》，另一是《日本文化是一场了不起的误解》。那篇《动机与效果》我幸而保留下来，而《日本文化是一场了不起的误解》，忘了给哪位朋友读了，此后也再没见到。

朋友中陈巨源和唐燊也多次见过小翁，印象都很好，只是年龄相差较大，很少交谈。巨源在他的《与一代奇才木心的交往》中曾提道："木心当时年近五十而未婚，身边总有一位俊美的少年随侍左右。我们都叫他小翁，既是学生又是干儿子，两人形影不离，后来才知道他们是邻居，每天在一起。"由此小翁为人们所知。

木心的外甥女王奕也曾在回忆中提起小翁，但都直呼其名："1967年冬天，妈妈去世后，舅舅就渐渐地很少来高桥了（当时舅舅已经到浦西工作了），而有了翁志强这个义子后，来浦东的时间更少了，一直保持着书信联系，可惜好几封信随着搬家而遗失了。"

王奕另在回忆中还提道："想到了我父亲去世时，远在美国的舅舅还委派义子翁志强等三人前来参加，送上'德厚品高'四个大字。想起了在送妈妈孙彩霞的灵车上，舅舅的号啕大哭，一声'姐姐啊'，见多不怪的灵车司机也频频回头。"

木心到了纽约后不久，一直牵挂小翁，最后竭尽全力，将小翁接到了美国，成为木心文学讲课班的一员学生。我也是在这张广为流传的文学班合影的照片中，看到了去美后小翁的身影。当他去了美国之后，同上海木心的朋友们也没有再联系了。

木心与"粮管所"

木心自来到上海后，坎坷不平，屡受挫折，正如唐代王勃在《滕王阁饯别序》中所言："时运不济，命途多舛。"

1956 年，木心因莫须有的罪名被关进思南路南端的"第二看守所"，俗称"粮管所"，是生平中第一次被拘留，罪名是策划偷渡。当时上海美专的同学偷渡未遂，检举了没有参与策划的木心。调查许久，查无实据，于是释放出来。那个时候还没有平反这一说，也没有道歉这一说，就握着他的手说，你要正确对待。

木心于《上海在哪里》一文中曾写道："某日我又发兴实践'怀旧'，去思南路找那曾经关押过我的法国式的监狱。路，大致依旧，监狱已夷为平地，只剩东南角上的瞭望碉堡，以及其下的拖尸体的墙洞，我滥用了一下想象力，便见我的身首从此斜坡中被曳出来。"

在我们的朋友中，有位被大家尊称为关姐的关庄仪，其父为国民党空军高级将领。关姐不仅端庄美丽，还弹得一手好钢琴。她的丈夫姚立泉是上海音乐学院第一届高才生，出于某些原因被学院开除，此后以教钢琴为生。他们一家是朋友中最为温馨的去处，前辈画家任微音是他们对面的邻居。当时朋友们常去他们延庆路的家里做客。住处前有一花园，画家朋友们也会在那里一起写生作画。经徐永年的介绍，我也熟识了他们一家，常去做客欣赏音乐，往来甚密。

木心本来就热心音乐，听说关姐夫妇正在为勃朗宁夫妇的十四行诗谱曲，极感兴趣，特地前去拜访，听他们弹奏新谱的作曲，木心还兴致勃勃地讨论起勃朗宁夫妇的十四行诗。

巧合的是，姚立泉在 1956 年时也曾被关进第二看守所，居然同木心关在同一个监房。木心见到姚立泉时，俩人大惊。起初我是听王元鼎说起这事，后来我也问过关姐，木心同姚立泉确实曾在第二看守所关在一起，但出于礼貌，我没有多问细节，实际上他们夫妇也不愿回顾这种不堪提起回首的往事，木心也更不想在朋友面前提及。

一生清白洁癖的木心，无辜被冤，在"粮管所"同那些刑事犯、小偷关在一起，其景可想而知。在狱中，监章都有规定：不准泄露姓名和案情，不得打听旁人的案情和姓名，所以木心当时同姚立泉虽然关在一起，但彼此都没有任何交流，更何况木心毫无兴趣与人攀谈。但他们都没料到，若干年后，居然会在姚的家里巧遇见面。

这是李梦熊题赠给他的母亲的照片，背面写道："母亲大人：男梦熊寄于上海，一九四九年三月歌剧《海之恋》演出"

奇异神交：木心与李梦熊

一

"友谊有时像婚姻，由误解而亲近，以了解而分手。"

"我爱的物、事、人，是不太提的。我爱音乐，不太听的。我爱某人，不太去看他的。现实生活中遇到他，我一定远远避开他。这是我的乖僻，是为了更近人情。"

每当木心论到现实中的友谊和爱的时候，经常听上去很不合理，甚而有悖人之情理。然而他的话是非常诚实的。

木心同样还说过："我像寻索仇人一样地寻找我的友人。"

要理解这一点，必须分清现实中的木心同文学中的木心。否则的话，便会陷入对木心的误解。

前面我叙述了上海时期木心同朋友之间的情和缘。这些情缘基本上都在他上海时期的后半阶段，即离开上海去纽约前的十几年中，六十年代后期。在此之前，木心还有两位交往很深的朋友，而且都在我们这些朋友交往的范围之外，几乎无人知晓。若要完整地描绘木心在上海时期的心灵轨迹，这两位朋友不得不提，不可回避。其一是李梦熊，另一是潘其流（或称潘其鎏）。

在《文学回忆录》里，木心经常会提起一个人，是他六十年代初期上海的朋友李梦熊。

陈丹青在后记里有述："木心如是说——私下，我完全不是可以和他对话的人，他几次叹息，说，你们的学问谈吐哪里及得上当年李梦熊？"

在上海早期，唯有李梦熊与木心俩人心心相印。陈丹青感慨："我现在推想起来，他们只有两三年的交情，可是此后，我跟木心整整二十九年，不到三十年，他几乎不停地在说他。我没有听到还有任何一个人他经常挂在嘴上。"

见陈丹青说到这里，想补充一下，实际上木心与李梦熊不止两三年的交情。

早在木心住在浦东高桥镇的时候，俩人就已认识，而且关系颇深。上海的林风眠研究协会副秘书长朱朴先生的老友之子辛旭光，不仅对林风眠的艺术研究颇多，而且对木心也有很多的探索和研究。他曾开车带朱朴先生和我的朋友海青一起去乌镇的木心美术馆探访。辛旭光还特地去浦东高桥，探索了上海时期的木心居住在浦东高桥时段的生活，采访了木心的外甥女王奕，撰文发表了"往事"《木心在浦东高桥的点滴》。文中意外地记录了木心的外甥女王奕提到的李梦熊。

当年木心住在高桥镇东头（育民中学在镇西头，间距二里路左右），一条海高路向东三里，是旧时法国人开的高桥海滨浴场遗址，建筑犹在；向西一里是"东华门""双井""印家花园"等高桥镇故址；向北二里是明代抗倭壁垒"老宝山城遗址"，都是高桥镇的历史留存，景色颇佳，木心和朋友们都会行脚游过。"孙牧心及一拨文艺青年住一起，热闹嬉笑总是少不了的，偏偏王家老二外甥女王宁，长得'貌若天仙'，正是十五六岁的豆蔻年华，喜欢与这帮'叔叔哥哥'凑热闹，王奕说：舅舅的好友李梦熊负责教小姐姐（老二王宁）唱歌，歌唱得好听得不得了。小姐姐也经常与舅舅和他的朋友们李梦熊、陆家其等搭肩牵手，在镇上弹格路上散步。"

木心的外甥女王奕这里所说的"搭肩牵手"，短短一语，十分真实，很木心。木心同情真意切的好友在一起散步时，确实会很自然地"搭肩牵手"。当年木心同我的朋友王元鼎友好的时候，也常这样走在马路上。

李梦熊本身就是歌唱家，"舅舅的好友李梦熊负责教小姐姐（老二王宁）唱歌"也是顺理成章的事。

陇菲先生的《木心的朋友李梦熊先生》中有一个细节："据当年跟李梦熊关系密切的学长武克回忆，梦熊师身材高大魁梧，满脸络腮胡子，很威武的一条大汉。"

奇异神交：木心与李梦熊

这个"满脸络腮胡子"的汉子，符合木心的外甥女王奕对李梦熊外貌特征的记忆。辛旭光在采访时，王奕清晰地回忆道：

"木心的朋友李梦熊有意追求小姐姐（老二王宁），孙家是有过讨论的。木心姐姐说：'李梦熊是络腮胡子，北方人气质，应该爽直，人好弄，可能脾气暴躁些……'但老二王宁并不中意，没有响应。"

二

李梦熊当年逐字解析木心的诗句，几下子就说破其中典故、血脉和居心，这是木心津津乐道的。木心诗："理易昭灼，道且恍惚。"李梦熊解道："前面是黑格尔，后面是老子。"木心读了李梦熊《敦煌行》，立刻说："你这是瓦莱里《荷兰之行》的翻版。"

当然，木心也不服气地说："我也曾一语道破他的文章啊！"然后叹道，"如果他一直写下来，我第一，他，第二。"

在《温故》"木心逝世两周年纪念专号"里，特地载入了这篇陇菲的文章《木心的朋友李梦熊先生》，仿若现代版的高山流水遇知音，读罢，无言，感念两位老先生当年的风骨，拟一对联：

木铎有心比肩魏晋高士千古自流芳；

吉梦维熊独奏广陵绝响举世再无双。

木心曾说过："友谊的深度，是双方本身具有的深度。浅薄者的友谊是无深度可言的。西塞罗他们认为'只有好人之间才会产生友谊'，还是说得太忠厚了。"

正如陇菲先生所说：苏轼《与米元章书》之《二十四》曾说："岭海八年，亲友旷绝，亦未尝关念。独念吾元章迈往凌云之气，清雄绝俗之文，超妙入神之字，何时见之，以洗我积年瘴毒耶！今真见之亦，余无足言者。"

木心出国多年，也是"亲友旷绝，亦未尝关念"。虽初到纽约前几年，常会将各种中文报刊上发表的文章，无论大小，细心地剪下来，寄到上海的小翁那里，著作一旦在台湾地区出版，也立即由他转送给个别朋友分享。在那年代里，要想在纸媒上发表什么文字，都是令人艳羡的大事，遑论出书，更别说是在遥远的彼岸。朋友间不仅为有木心这样的朋友感到骄傲，也在心目中增添了对木心的钦佩，一时竞相传阅。

木心乐于这样，一是毕竟还记得上海的朋友们，情意未尽，另一是传达一个信息，出国后的木心终于初露峥嵘。

然而木心真正唯独念念不忘的，还是早已冷贤绝交的李梦熊。陈丹青笔录的《文学回忆录》里，木心多处提及李梦熊："从前我和李梦熊谈卡夫卡，其实都没有读过他，都是骗

奇异神交：木心与李梦熊

137

骗自己。来美国后只听港台文人卡夫卡、卡夫卡，家里还挂着他的像——我心中觉得情况不妙。一个人被挂在嘴上，总是不妙。（垮掉的一代）以我看，其实是大战的后遗症，是人性崩溃的普遍现象。是外向的社会性的流氓行为，内向的自我性的流氓行为的并发症，既破坏社会，又残害自己。主要是文学青年。他们对既成的文明深恶痛绝，新的文明又没有，广义上的没有家教，胡乱反抗。我和李梦熊当时谈过这一代，其实不是'垮'，是'颓废'，是十九世纪的颓废再颓废——当时资讯有限，来美国才知道是怎么回事，而且早过了。"可见，木心同李梦熊是何等地惺惺相惜，神交之下，视同知音。这等友情的深度，在木心身上难得一见。

李梦熊之于木心，经常好比一部手边的文学书典，不时会拿出来翻几页，作为自己的旁证。在《文学回忆录》的第三十讲"中世纪日本文学"里，木心谈到《源氏物语》与《红楼梦》等四部名著时，还提起了李梦熊："我曾与李梦熊高谈阔论这四本书，其实我只看过《源氏物语》的部分，其中一帖《桐壶》，好得不得了，文字像糯米一样柔软，但看全本，到底还不及《红楼梦》。"

三

　　木心在纽约时期，有段时间居住在旅美画家曹立伟的家中，也常回忆起李梦熊，可见其念念不忘。曹立伟在《回忆木心》一文中说到："有一次在上海朋友家偶然见到李梦熊，我对木心说，他说哦，他还活着。后来文学课中又提到李梦熊，和在我们家谈的如此不同。木心也提到，丹青可以去见见李梦熊，李梦熊的脾气很那个，有时让人下不了台。木心多次谈到他和李梦熊之间的友谊的蜜月情。说有一天晚上大雨瓢泼，李梦熊进门脱下雨衣，后来提及此事，木心说当时李梦熊来晚了，进了屋，根本不提迟到这回事，还撇开话题，很快两人一起散步，里穿风衣，扣子不系，随风敞开，一手拿壶，一手拿杯子，初次见面两人谈了三四天，累极了，也好像把人谈空了。分开几天后两人又接着谈，李梦熊说这几天你是不是偷偷读书了，木心承认。李梦熊又说，你是不是读了法兰克福的文化形态学，木心只好又承认。然后立即说到，你不也偷偷读了书吗，你是不是读了'冷社会'、'热社会'，李梦熊也笑。木心和李梦熊的往来是'文革'前，二十多年过去，往事的细节木心都记得清楚，木心记忆好，我考过他，拿本书，选一段让他看，然后当场背，他一字不漏。我说你过目不忘，还是读了多遍？他说，我是过目不忘，又读了多遍。有一天电话中聊天提到丹青的记忆也不错，文笔很健，说国内没人跟他比。"

奇异神交：木心与李梦熊

木心不止一次向曹立伟回忆起李梦熊，有一次提道："李梦熊是男中音，唱得很雄武，人也直，厉害，不拍马屁的，有一次，原定的独唱突然被取消了，他料定是某部门某人从中作祟，于是找上门，开门就骂。"

一般人难以想象的是，木心同这样一位神交的朋友，竟然因一本《叶慈全集》，俩人绝交，而且是木心自己亲口所说："六十年代我外甥女婿寄来英语版《叶慈全集》，我设计包书的封面，近黑的深绿色，李梦熊大喜，说我如此了解叶慈，持书去，中夜来电话，说丢了。我说不相信，挂了电话，从此决裂。"

为了一本书的区区小事，友谊的小船居然说翻就翻，难为常人理解。

但是没人知道，这本书对于木心的意义。一是《叶慈全集》此书来之不易，二是此书包含了木心对另外一人的特别情感，而此人又是木心的亲戚，即木心的大外甥女婿郑儒箴先生。正如丹青曾回忆道："听到郑先生的噩耗后，木心一边做饭一边流泪说，只觉人生再无意义了。"可见木心对郑儒箴先生，以及对所赠《叶慈全集》的情感之深。

《木心的朋友李梦熊》长文的作者陇菲先生对此分析道："《文学回忆录》里木心讲过，因一本《叶慈全集》，与李梦熊冷贤绝交，这多半是托词，绝交是可能的，但曾经互为知音，交下的心神万万断不了。"

"托词"一说，不无道理。俩人究竟为何绝交，木心一定

140

有他自己的理由，也一定有李梦熊的原因，不可能只是单向的。反之亦然，两人能结为神交知音，也不可能只是单方面的一厢情愿。只是木心不想多说而已，也不是我们所能妄自揣测。

归根结底，以木心自己的话来结论比较合适："我爱的物、事、人，是不太提的。我爱音乐，不太听的。我爱某人，不太去看他的。现实生活中遇到他，我一定远远避开他。这是我的乖僻，是为了更近人情。"

木心一生中，难得如此毫不吝啬地欣赏某个人的奇才精华，这已经不同并超越单纯的朋友情谊。李梦熊一生的传奇和才华，陇菲先生的《木心的朋友李梦熊先生》，读之令人唏嘘不已。篇幅有限，这里就不多加叙述了。

现实中，李梦熊作为音乐家，性格狂放不羁，与木心一样熬过了十年浩劫，晚岁潦倒街头，2001 年病故于上海，享年七十六岁，死后，骨灰没有人认领，一年后丢掉。

而六十年代，木心先生曾与之密切过往而后又冷贤断交之李梦熊，彼时姓名不见经传，行事也无著录。自然，后来的陇菲既感陌生，又觉耳熟。 2010 年 11 月初，应邀赴甬参加"东方音乐学国际研讨会"。会下，同人不免说起逸闻轶事。与会同人孙克仁先生突然说起："是李梦熊老师启发了我，奠定了学术研究的基础。"

陇菲道，有听说李梦熊先生曾经担任兰州艺术学院声乐教授，后来曾在甘肃歌剧团工作，这才如梦初醒，原来他是我曾就读之学校老师，难怪于陌生中又会觉得耳熟。1958年，"大跃进"时，甘肃合并兰州大学中文系，甘肃师范大学音乐系、美术系，以及几所舞蹈、戏剧中专，组建成立了由常书鸿先生主持之兰州艺术学院。学院成立，因常院长广为延揽，全国各地有志献身西北艺术教育的各类人才，于此济济一堂。李梦熊，本是上海交响乐团合唱队声乐教练，此时，离开上海，支援西北，调入兰州艺术学院教授声乐。陇菲1960年考入音乐系预科，主修理论、作曲，未曾亲蒙其教，也没有机会跟他私下接触，虽闻其名，而未详其人，甚至回忆不起他的音容笑貌。

曹立伟先生曾说："李梦熊和木心都是汉子，李性急躁，疏于自保，终于毁灭，木心胆小，在永远失败的日子里忍耐，终于完成；李梦熊没写成书，死了就死了，无录音的即兴演奏，乐止音绝，木心死了，却活在书里，像古希腊石雕，不用后人评价，照样永恒。"

鲜为人知的朋友：木心与潘其流

　　除了李梦熊之外，木心在上海时期有位鲜为人知的朋友潘其流，有称潘其鎏，都曾是林风眠先生的学生，且俩人的交往曾经既深又长，跨越了木心在杭州、上海、纽约几大时期。为了解整个过程，先从一位朱朴老先生说起。

　　前面我曾提到，上海中国画院的著名画家朱朴先生，同我的朋友海青，是忘年之交，关系较密。朱朴先生在绘画之余，投入了大量精力搜集和整理林风眠留下的文字资料，包括主编《林风眠研究文选》一书。我们今天所能看到的很多林风眠留下的艺术随笔以及信件等，不少都是在朱朴主持整理下出版成书的，为后人研究林风眠留下了极其珍贵的史料。

　　2017年春，当海青知道我想写一些关于木心的回忆，约了我一起去探望一位老朋友。见面时她给了我一份香港报刊的复印件，内容是3月16日潘其流先生辞世周年时，香港报刊上

林風眠與木心背後的潘其流

—岷濬—

心,將其比較準確完整地呈現給世人。木心有福氣,晚年有了陳丹青,有了陳向宏,有了烏鎮,成就了文化人輝煌的典範。儘管這種典範還有點烏托邦式。對木心認識有偏差,都不足為怪。客觀上講,那是木心將自己藏得極深。這是特定歷史時期的一種自我保護。再則,適時地分期呈現,可能也是陳丹青們的智慧之處。筆者追尋林

纖膩丹青的《繪畫的異端》,再讀王端淑的《也談木心》,細細揣摩,覺得各有千秋,前者如放大鏡,注重細節,或許近真容,或許走得設近,傾注極大熱情與憐憫,側重鋪大亮點,讚其異與長處,讚長人物互動,後者長眠讀遙,展示歷史學者,偏向冷峻思考與深刻剖析,愈多關注潮流走向,求其大同,不智是我曰,讀者諸烱輝,都在努力呈現木

少年三月為國家準⋯
世一周年。本文引⋯
資料展開論述。⋯
鳳眠與潘其流⋯
(木心)兩代藝⋯
然經歷不同,但⋯
相傳,從中仍然可⋯
共同的亮點。愚⋯
是大有我行我素之⋯
即使淪為個體戶⋯
井,也在所不惜⋯
不同的形式保持⋯
己的個性。對藝⋯
與熱愛都矢志不⋯
一生。」

关于木心的报刊文章

首发的《林风眠与木心背后的潘其流》一文，探索林风眠、木心、潘其流三人人生和艺术的交集和发展。这份资料就是朱朴先生即时给她的。

初读的时候，我第一次知道，上海时期的木心，曾经有位几乎无人知晓的朋友潘其流，文中还有一张罕见的木心同潘其流的合影照片，彼时木心与潘其流俩人都很年轻。之所以说罕见，是因为我们几乎很难见到木心在上海时期同朋友的合影。

我是从这份资料中第一次得悉木心与潘其流长久的关系，当时国内没有任何关于这方面的信息。

《林风眠与木心背后的潘其流》一开始就写道："木心谈到与李梦熊的绝交时，曾言：'友谊有时像婚姻，由误解而亲近，以了解而分手。''我爱的物、事、人，是不太提的。我爱音乐，不太听的。我爱某人，不太去看他的。现实生活中遇到他，我一定远远避开他。这是我的乖僻，是为了更近人情。'难道木心与潘其流的关系，也是如此？"

这一叩问，不得不引起我的极度关注。

令我颇为惊奇的是，文中还写道："在木心一生，交往的朋友中，时间最长的可能是潘其流，并且共同经历了艺术、革命、谋生、磨难与出国等等不同时期的跌宕人生。潘其流1947年入学国立杭州艺专，1951年毅然离开学校追随林风眠到了上海，直至林风眠1977年离开大陆，不但在学校里是林风眠画室学生，而且在社会上依然是林风眠形影不离的贴心学生。"

木心与潘其流

木心在上海期间，从没提起过他有一位名为潘其流的朋友。我也立即询问上海几位朋友，都回答没听说过潘其流这名字。即使在网络上，当时都搜索不到有关潘其流同木心的任何信息，更不用说他是木心一生交往时间最长的朋友。

大约在6月份，因陈巨源捐赠木心墨迹原件一事，我去乌镇木心美术馆为他们安排捐赠交接。见面时我将这份复印件给了陈丹青，阅后他收藏了起来。当时我们都不知文中的详情，虽感新奇，但不知内情，无从谈起。

大约一年之后，这篇"往事"《林风眠与木心背后的潘其流》才在国内流传开来，被各方广为转载，而且是迄今为止唯一公开发表的关于木心同潘其流交往的长文。

潘其流的第一本画集《诗性抽象世界》（人民美术出版社，2007年版），有木心写的序言《东方的喜悦》，并且还有两人的合影。木心的序言很木心，引经据典，文采飞扬，实是难得一见：

东方的喜悦

中国古代的壁画，只有皇家和教门才画得起。皇家的壁画，无非是"颂"。画家以臣称，应制奉命，偶有恩准具名者，使后人知道谁是古代壁画家。教门的壁画作者，有著名大师，沐手薰香恭绘者中，总也有无神论者，唯其异端，有主见，有忧闷，借十丈素壁，宣泄其天才之光华，于是愈见诡谲绚烂，蔚为大观。一个绘画大国，总在说中国艺术无论在哪方面都是源远流长，文化的乳汁又浓又多，然而吮吸者少，吮吸而掩映前人者尤少。

近代的所谓典型的中国画，往往盘桓于元明清文人画的笔墨风调之中，似乎不知秦汉魏晋唐宋为何物，又如，谁都认为敦煌壁画是个世界意义的艺术宝藏，而在近代中国画中，几乎看不见"我们家里有个敦煌"，赏而思，入而复出，有所为，有所不为，潘其流先生如是对待中国古代艺术的。取壁画之形，将石刻、陶俑的拙味和民间泥塑的雅气揉和之，取壁画之像，将木板绣像、漆雕装饰的简练，流利结合起来。取壁画之色，将因岁月的流逝而醇化了的斑驳陆离的奇妙感觉，自由地引伸铺张。他的画是"室内乐"，有别于宫廷乐、教堂乐。这些亲切的重奏，时阴时晴，忽冷忽暖，如甘如酸，变化着我们的喜悦。

西方论家常以为马蒂斯倾向东方趣味，西方艺术家所乐道的东方，其实只指到日本、南洋群岛或印度（浪漫派则神往波斯、土耳其）。真正的东方精神，氤氲于华夏中国。把整个东方艺术比作一塔，中国艺术也许就是塔中之塔。潘其流先生在绘画上表示他不追

148

求神秘，倒是喜欢画凡人，画常见物一流露出来的却是神秘的东方风情、东方意识、东方审美观。自古迄今的中国艺术有待再认识。在这再认识的过程中，潘其流的《近距离壁画》《生活壁画》将使现代人喜悦。不同于马蒂斯的西方的快乐，而是东方的喜悦。

木心 1980 年秋

关于潘其流的画，木心还有两段文字，也十分"木心"，对潘先生的人与画，都有独到认识。一段题为《那是往事》：

> 好多艺术家在足以称为艺术家之前先是足以称为热情家。青春年代，经历一阵阵受之无愧的凄苦。有一次，他到乡间来避难，发高烧、大汗，昏睡几天才自己开口要喝水，喝了水，说：我来的时候，路两旁油菜花，黄、大片的油菜花，黄得好狠心。病稍愈，他要画画，作立方体主义的分析试验。如果他画黄得其狠心的大片油菜花，那就乏味了。

木心 1980 年秋

另一段木心的文字无题，无日期，落款"阿辛"，好像是第一次出现的新笔名：

完美的人是干鱼。其流是不完美的。与他同时学画的一大群伙伴，其中有十来个曾是良朋密友，当时各负才具，笑傲湖畔，渐渐花落水流，貌合神离地背弃了艺术，三十年之后，这些人在艺术上失踪了。这些人先后干了，完美了。其流在水中游，海中游，双鳍变形为翅，一条飞鱼。偶尔，故友中之一二来看他，不免看到他的画，初无言，继而疑问，干鱼认为水中鱼是怪鱼。艺术的道路并不难走，弯弯曲曲而已。人得保持正直，弯弯曲曲的路只适宜于秉心正直的人走。他的画证明他是正直的。

阿辛

文中几次所称的"其流"，即潘其流。

读到下面这些段落时，显示了木心同潘其流不同寻常的关系："对于潘其流，在木心后来的文章与公开谈话中，虽然没有正面出现，但仍隐隐约约，并没有完全抹掉。如在木心的《双重悲悼》中，引用的话，都是出自潘其流：'林先生说你是画家，更像是诗人。''邀你三次了，再不去林先生会生气的。'提及的林风眠，来信内容，也都引自林风眠致潘其流的信。"

尤其在文中提到木心同潘其流交往，追溯到木心在杭州艺专的时期：

"与潘其流的相识，有点惺惺相惜。暑假，潘其流一个人

150

搬到教室里住，每晚可听到大礼堂里的钢琴声，十分惊奇，怎么会有个音乐家在这里？后来知道是孙牧心在弹，弹得很好，潘其流就站在外面偷听。那时候潘其流的水彩画画得很扎眼，每天在草地上画时，孙牧心也悄悄地来看潘其流。接触了一段时间，孙牧心拼命地跟潘其流谈文学，互相之间沟通很好，觉得潘其流才华出众，值得做朋友。杭州艺专有个特点，只要有一个同学在校就读，就可以带人来住，学校是不管的，只要给食堂交上伙食费，就可以在里面吃饭。孙牧心就是凭与潘其流认识，住到了杭州艺专。"

"孙牧心比潘其流仅长一岁，但特别早熟，老成持重。对古典文学，尤其是对魏晋、唐宋文学格外感兴趣，还能即兴作诗，并且写得非常好。他对文学与音乐的爱好，对潘其流影响最深。但是孙牧心骄傲，不愿接近人，有大少爷的坏脾气，生存能力较差。"

木心同潘其流早期就有如此密切的关系，在木心的外甥女王奕的回忆里得到了证实。木心在上海的浦东高桥教书时，潘其流曾经在他家中居住过一段时间。

当时他们一大家子租住在老诗人沈轶刘家里，家人习惯称之为沈家房子或沈家大院，地址是高桥镇高沙路 91 号。那时木心与潘其流来往密切，潘其流还到木心这里住过一段时间。王奕说当时他们分居楼上和楼下，楼上有三间，木心、沈珍、王宁、潘其流都住在楼上，其他人则住在楼下。（引自夏春锦

鲜为人知的朋友：木心与潘其流

《听，木心及家族往事》）

文中谈到林风眠在二十世纪的文化意义与美术光芒的完整呈现，仍需澄清误区，照亮盲区。同时还谈道："对木心认识有偏差，都不足为怪，客观上讲，那是木心将自己藏得极深。""木心将自己藏得极深"一语，确实点到了真实的木心。如没深入同木心交往，难以体会。

在《林风眠与木心背后的潘其流》一文中，提到木心刚来上海时期鲜为人知的许多故事，基本符合事实，具有一定的参考意义。在上海美专搞学生运动的时候，孙牧心是文艺部的部长。他的四个朋友都关进监狱去了，他逃到杭州来，不住在家里，就住在杭州艺专。1948年秋到台湾地区避难，带了一箱的钞票，满满的一箱国民党的金圆券。在台湾地区，曾与席德进一起住台南嘉仪中学。每天给潘其流写一封信。

不料，文章有一个巨大的转折。令人寻味：作者在2009年8月26日，从上海回杭州时，途经乌镇，偕同美国朋友受潘其流先生之托，奉命拜访孙牧心（潘其流从来不叫木心）。此时潘先生已在回国途中，作者算是打前站。在白墙门外，数次敲门，唯闻狗吠，不见人来，只得在门缝里塞了张纸条。

28日接到木心先生代秘书的电话，称孙先生外出，一时联系不上。作者说明潘其流先生情况，请求努力转达信息。9月3日，潘先生抵达杭州之后，曾再度电话代秘书，还是闭门谢客。

"潘先生好像心中有数，叫我们不必再联系了，说：'孙牧心每次出版新书后都记得我的。孙牧心还是很爱才的，当然有一天我把我的作品（当时第二本画集《潘其流抽象视野》即由中国美院出版）寄给他。我并不逊色，如果他看到以后，他会改变主意的。把我的画册寄给他，他应该想一想自己以前对我的感情，他应该有种新的感动。'"

八十年代初，孙牧心与潘其流几乎在一起筹划出国，从准备材料到办理签证，都有相似之处。尽管有以上密切的长期交往，但两人最终仍为一件区区小事，竟至绝交，再无往来。

潘其流比木心早去美国一年，原想将木心的画带出去，宣扬一下。但因胃出血手术差点送命，自己都瘪掉了，只得将画退回孙牧心。"退还画时，有了插曲，数量不足，孙牧心不爽，潘其流不让人的话又出来：'你的画，送给我，我都不要！'"

关于断交缘故，无论哪一种说法，都无从考证，也没必要深研。该文的笔者亲眼看见："几十年后学生仍为孙牧心之绝情耿耿于怀时，潘其流非但不帮腔，反而责怪学生理解的欠缺，声色俱下：孙牧心是个才子，我始终都很器重他！"

文中还附有一张照片，以示潘其流对木心旧情的怀念；木心故世之后，广西师范大学出版社曾出版了《木心纪念专号》，流传甚广，潘其流获得该书，手捧《木心纪念专号》深情凝视。

当时我曾问了几位木心在上海的旧友，都不知道潘其流其人其名，但就在前几天，我在送王元鼎回家的路上，见他主动与我说起木心，我忽发奇想地问了他一句："那么侬晓得潘其流吗？"因为王元鼎毕竟在朋友中最早认识木心，而过去他常在美国居住，一直没机会当面问他。其实我也是随便问问。不料他回答说："怎么不知道呢？他们两个人虽然很要好，但总是吵架，有时我就请他们一起喝酒，劝劝他们，做和事佬。"公寓大楼就在面前，我们已经站在路边聊了一会木心，我也不好意思再多问他。

木心从来没对其他朋友说起潘其流，而王元鼎也从没对谁提起，好像潘其流并不存在。

木心同林风眠的师生关系渊源深长，2015年木心美术馆在展出木心绘画作品的同时，还展出了陈丹青向上海中国画院所借的数十幅林风眠的作品原件。借画过程，彼时朱朴先生也有参与。而潘其流同林风眠长期的深厚关系，几乎没有任何质疑，有太多的资料和文章可予证实。

有关林风眠绘画艺术研究的论文、专著可谓是连栋叠屋，难以详数。但林风眠的传记则是屈指可数，既可读而又可信之作更是少之又少。郑重先生的《林风眠传》（东方出版中心，1998年版、2008年版）无疑是一部筚路蓝缕之作，影响深远。

新版的《画未了：林风眠传》发掘了林风眠在香港和巴西的一些生活细节，主要的资料来源是：主要的资料来源是：（一）林风眠化名"王京"写给上海友人潘其流、袁湘文夫妇的二十几封信件；（二）台湾地区学生席德进在拜访林风眠之后写的《改革中国画的先驱者——林风眠》一书中的部分内容；（三）在香港采访有"林风眠的秘书"之称的吴棣榕所作的几次访谈记录；（四）为了巴黎画展等事情，与法国李丹妮（早年留法同学李树化之女）的通信等。上述资料中除了席德进的书之外，其他均为第一手的"原始资料"和"独家密件"，而且都是收信人提供的原信复印件，真实性与可靠性不容置疑。虽然它们所涉及内容并不十分完整，但已经是非常难能可贵了，而且还得到了信件提供者的高度信任。

"一个严肃的传记作家，有责任对某些涉及个人隐私的信件内容终身恪守秘密。"（见郑重著《画未了：林风眠传》，中华书局，2016年版）。

此外，著名的林风眠研究者徐宗帅，从香港的金碧芬及定居美国的潘其流那里得到许多有关林风眠的材料。徐宗帅慷慨地为我提供了几张他收藏的和林风眠相关的珍贵照片及资料。（见《被误解的林风眠：画仍未了，魂归海上》）

据著名画家郑胜天的介绍，潘其流于1947年进入国立杭州艺专，后来与林风眠私交深厚，是林指导的少数学生之一。（见《林风眠伪作迷局》）

至于潘其流曾经卷入林风眠作品真伪的风波一事，法院一审判令被告伍劲向潘其流等三人赔礼道歉、消除影响、恢复名誉，同时驳回了潘其流三人的赔偿请求。其中有关审理资料和回忆文章，都证实了潘其流同林风眠的密切关系，这里就不赘述。

回到本文所说："我爱的物、事、人，是不太提的。我爱音乐，不太听的。我爱某人，不太去看他的。现实生活中遇到他，我一定远远避开他。这是我的乖僻，是为了更近人情"。木心的这一"乖僻"，不一而足，确实很木心。他自己也曾坦率地说过："我已经是绝交的熟练工人了。"

正如木心自己所说："对这种事，最好的态度，是冷贤。所谓'冷'，就是你决绝了的朋友，别再玩了。不可以的。决绝了，不要再来往，再来往，完了，自己下去了。"（《文学回忆录》最后一课）

如果只能用一句话来概括，那就是"我习于冷，志于成冰"（《大卫》）。

《战国策》里，乐毅曾说："君子绝交，不出恶声。"对此，木心严格谨守。君子与小人的区别在这一点上确实甚为分明，这里就不赘述了。

维护尊严的一生

一

　　木心的一生，成功地维护了自己的尊严。正如古希腊的雕塑家，所完成的作品，无论经历怎样的斧劈刀凿，千琢百磨，呈现的总是一种人的尊严和艺术的完美，你看不到它们身上的伤疤。

　　木心的短诗《从前慢》已广为流传，被改编成歌曲上了春晚，并不断地出现新的版本。很多人或因这首诗引起了念旧的情怀，在当下的高频节奏的生活中，对慢半拍的生活方式寄予向往和欣赏；或因那句"一生只够爱一个人"，更引起尤其是年轻一代的共鸣，重归对爱情淳朴而又浪漫的想象。这一切都很美好。但木心曾言："知名度来自误解。"如果对木心的认识仅止于《从前慢》，如果《从前慢》成了一道朦胧而又浪漫的面纱遮掩了真实的木心，甚至成为木心的符号，将是对木心莫大的误解。

如果只能用一个字来表达从前的木心，这个字也许是"难"。在《从前慢》这曲慢悠悠的旋律背后，有一位无声的《从前难》的木心。"声声慢"，怎一个愁字了得，从前的木心，怎一个"难"字了得。

在木心漫长的上海时期中，直到他在被平反之前，有一段最为严峻的时刻，如今无论怎样回忆木心，缺失了这段时间的记叙，将是一位不完整的断层了的木心，这也是木心最为沉默的时期，但对再好的朋友，他也从来只字不提。

木心在《云雀叫了一整天》中说："倪瓒的'一出声便俗'，他用了一时，我用了一世。"木心佩服倪云林辈羞辱后"不出声"，这是他一生的境界和写照，从不诉苦、抱怨、伤感。

从1972年2月到6月，木心曾被关禁在上海创新工艺品一厂的防空洞里，隔离审查。审查暂告段落之后，开始了漫长的监督劳动。那段时期，白天他必须一早到厂里报到，然后开始一天的监督劳动。到了傍晚下班，才拖着劳累的受尽侮辱的身心，疲乏地回到住所，在属于自己的时空里写作或画画。只要可能，他也会同个别的朋友见面，吃饭饮酒，放松自己，获得极大的慰藉。

即使我见到木心，或去他住处拜访，这段时期所备受的折磨，他也从不吐露所受的遭遇。当时朋友们只知道他在创新工艺品厂上班，当问起他干什么工作时，他总是轻松地回答说干些杂活，其他一字不提。如今他在那段时期里受到的凌辱虐待，略有披露，当时朋友们都一无所知，具体的情景，偶然之间只有一位朋友亲自见到，那是绝对真实的见证。朋友名为梅文涛，如今还在，也是朋友圈里出色的画家，同木心也很熟悉，性情温文儒雅，他在虹口区溧阳路的家，也曾是朋友们经常聚会聊天小天地。

梅文涛当时也在设计公司工作，与木心所处的创新工艺品厂属同一个公司，一次他到木心的厂里去联系设计业务的工作，刚进厂门，一眼看到木心穿着打了补丁的工作服，弯身低头，用双手在厕所通到墙外的阴沟里捞污秽堵塞的垃圾，其景不堪入目。这时的梅文涛惊讶不已，完全出乎意料，难以相信这就是平时见到的、衣冠整洁令人起敬的木心。正巧木心无意间抬起头，一瞬间看到了梅文涛，尴尬不已，立即低下头，避开碰撞的视线。其心情复杂悲哀，可想而知。见此情景，惊讶之中的梅文涛也不敢上去同木心打招呼。两位平时熟悉的朋友如同陌人，擦肩而过。这一瞥将木心当时的处境展现无遗。

平时木心总是微笑地说在厂里"打打杂"或"杂务工"，原来是每天都在打扫男女厕所，干最脏的活。事后梅文涛也没告诉任何朋友，替木心"保密"，木心也从不提起见到梅文涛的事。

2016年春节期间老朋友聚餐，在座恰好大都为木心当年的朋友，我同陈巨源、唐奏兄妹、林正平夫妇都在，席间不知不觉又提起了木心。时过境迁，梅文涛终于忍不住向大家吐露了此事。听梅文涛这么一说，当时的我不禁感同身受，朋友们也都为此叹息。

如今大家几乎都知道，木心在获得平反之前，有过一段漫长的苦难经历，尤其是从 1972 年到 1979 年在上海创新工艺品一厂这段时期，但具体细节很少有人知道。

当年的这个厂，是那个时代小小的历史缩影。该厂位于市区中心地带的石门二路 266 弄，简陋的厂房处在一条不引人注目的居民弄堂里，由旧时名为"同善堂"的尼姑庵改建。大约 1964 至 1965 年间，经历了一番历史的变迁，同善堂关闭了，不久成了一家安置残疾人的福利工厂，原庵里的尼姑大多进厂做了工人。刚开始的时候，厂名为"工艺美术模型厂"，1966年之后，厂名顺应红色潮流，改为上海创新工艺品一厂。这家不足百把人的小厂非常奇怪，听弄堂里居民所说，这家厂有三"多"，一是曾经的尼姑和尚多，二是各种残疾人多，三是有问题的人多。所谓有问题的人，就是各种运动的对象，所谓"牛鬼蛇神"。据当时弄堂里的居民说，虽然那些和尚尼姑还俗了，但其装束还是和常人有点不一样。残疾人一看便知，不是哑子跷脚，就是智力不全精神残疾。而那些可能有问题的人，常常是居民中阿姨妈妈们指指点点的对象。不久，厂里多了一个很特别的人物，最让人觉得好奇的，是他不同寻常的穿着打扮。

在那个年份里，所有的人都衣着相近，极其简朴，而这位高个子中年男子却与众不同，不仅眉清目秀，每天穿过弄堂上下班时，人们总是见到他身穿笔挺的风衣，头戴一顶深藏青色的法兰绒帽，就这一身穿着，在当时是十分引人注目。

弄堂居民们很快有人打听到，这人名叫孙璞，还没结婚。于是有热心大妈想帮他介绍女朋友。那时厂里还俗的尼姑有好几个嫁给了同厂职工，连法慧师太都嫁人了，厂里的厨师，娶了弄堂里没有工作的社会青年，一些残疾青年也一对一对地谈起恋爱。可是孙璞从来不理人，热心的居民大妈们连一句话都同他搭不上，于是立即就有了另一种风言风语："这家伙像煞有介事，扮得像个艺术家，其实是个有问题的人。"于是就没人敢凑近他了。

有位曾经居住在这条弄堂里的居民岳群，在《世纪》2016年第5期撰文回忆道："有天听到模型厂里人声鼎沸，口号阵阵。我便随大家跑过去看热闹。只见那个孙璞（当时人们不知道他的笔名木心），被人反扭着双臂，强制跪在车间的水泥地上。听到前面几个凶巴巴的戴着红袖章的人七嘴八舌的训斥，看热闹的我总算弄明白了事情的原委。弄堂里厂门边的墙壁上，画着一幅孙璞绘制的体温表广告画，在大大的体温表画面上写着一行语录：下定决心，不怕牺牲，排除万难，去争取胜利！"

"我们天天看到这张广告牌，从未觉得有什么问题，可是那个造反派却说，将语录写在表上是别有用心。只见孙璞涨红着脸，认真地辩解。双方争得特认真，却十分滑稽，引得围观者哄堂大笑。这时恼羞成怒的造反派冲过去，对着孙璞一顿乱打，有人喊起了打倒孙璞的口号。但无论造反派怎样羞辱和折磨他，孙璞始终都没有承认。弄堂里的人私下议论说，这个人看着斯文，倒还是蛮吃硬的。"

"后来孙璞被关进了公安局，听说是什么'现行反革命'的罪名，不知同我所见到的那幕闹剧有没有关系。再后来，看到他回到了厂里。最大的变化是，他不再穿挺括的衣服，成天穿着旧工作服，提着拖把、扫帚，或打扫卫生，或干粗重杂活。那时的他更是低头不看人，以沉默面对世界。"

二

木心即使在平反之后，也从不向朋友们提起往事，只是告诉大家，是新上任的手工业局的局长胡铁生帮了他，让他获得平反，从创新一厂里捞了出来，他对胡铁生充满了感激。就这么寥寥数语，没有任何细节。也从不提起怎么会一下子就任令人羡慕的工艺美术协会的秘书长。对于木心来说，这种人生的大起大落，一概宠辱不惊，不值得一提。

尽管木心坚守倪瓒的"一出声便俗"，从不向他人具体地诉说自己所受的屈辱和折磨，以及其中的细节，但仍有昔日同事、朋友、亲眼所见者的回忆。有位当年创新工艺品一厂的职工，有更为详尽的回忆，曾经发表过《木心闭口不谈的隐痛岁月》，文章署名秦维宪。从细节上看，基本上同胡晓申、我的朋友梅文涛，以及其他目睹者的回忆符合，比较详尽，值得摘要引用。作者秦维宪认为："木心对这段岁月守口如瓶，在所有文字记载中唯独'遗失'了这段炼狱般的'断层史'。这也许反映了这位奇才'孤傲、独特、飘逸'的个性，还是他不愿揭开自己的伤疤呢？如果缺少这段路途，他的人生是不完整的。现我以切身经历、真实的笔触尝试着还原他那段'遗失'的隐痛岁月。"

秦维宪是 1972 年 12 月下旬从培明中学毕业分进了上海创新工艺品一厂。这家小厂，在石门二路 266 弄 13 号，曾经是破尼姑庵，是做塑料花的车间，几无劳动保护，注塑的毒气无孔不入地侵袭着工人的肌体。他回忆道：

"一次卸完货，从拉料车间的破门帘后闪出一位年近半百、风度儒雅、着补丁整齐的劳动服之人，他双目如炬，深藏的眸子冲我一笑。我自幼喜读古书，讶异于此人颇有仙风道骨，遂脱口一声：'师傅，您好！'不料，他脸色骤变，连连摆手，示意我不能这样称呼。以后，我们多次相遇，他总是一迭声说咱俩有缘。我从老师傅口中得知，此人是上海美术专科学校的高才生，其知识之渊博，在上海手工业局无人能望其项背，但也是每天要请罪之人。任何人都可以侮辱、欺凌他；而他却整天佯装笑脸，对任何人都得点头哈腰；特别是每逢元旦、春节、五一等节庆时，更被训得狗血喷头。"

"且不说他经常挨打受骂、被批斗，单以强劳力而言，他干的是厂里最苦最累最脏的活，除了倒便桶（厂里没有正规厕所）、通阴沟、铲车间地上的机油外，还经常跟着铁塔似的装卸工扛原料；其中通阴沟、铲机油最累，我曾帮他通过阴沟，阴沟内彩色的胶水般的污泥，足以将得过肺病、文质彬彬的白面书生木心击倒！"

"而木心一生中干得几近垮掉的重活，是 1975 至 1976 年的翻建厂房，他每天要推无数次的垃圾车，又经常加班加点，生病了也不敢上医务室，悄悄地去药房买点药。有一天黄昏，正发高烧的木心，涨红着脸、喘着粗气，从工厂后门推车挪向山海关路，可怜他双腿打颤，扶着墙慢慢倒在地上；少顷，他又咬紧牙关爬起来……"

"木心为了排遣痛苦，便大量抽烟，似乎烟雾会带他遨游在无限美妙的艺术世界里。令人心酸的是，木心拿的是生活费，为了省一角四分车钱，他一年四季风雨无阻，都是走十几公里上下班，因为抽了大量八分钱一包的'生产牌'香烟，以致给肺部留下严重的隐患。"

"记忆中，无论木心经受多少打击、劳作多么辛苦，下班后一定将自己收拾得干干净净。特别是冬天，他戴一顶黑色的鸭舌帽，系好围巾，披一件整洁的旧黑大衣，从容走向晚霞燃烧的前方；他还在极其有限的生活费中省出小钱，慰劳自己，如他喜欢吃'凯歌'五分钱一只的葡萄干面包、西海电影院对面小吃摊上一角钱一客的生煎包子，在夏季买一根八分钱的雪糕，立马像顽童般兴高采烈。这时，木心凸显了他单纯、幼稚、可爱的一面。"

三

紧接着作者写道：

"1982年，木心飞赴美利坚，瞬间从工友们的眼中消失了，当2006年他在乌镇旅游公司总裁陈向宏的安排下落叶归根后，乌镇便像磁铁般吸引了不少工友，他们多想见见这位可敬可爱的睿智老人啊！"

然而，木心拒绝见上海创新工艺品一厂的任何人！

我深深理解作者的心情，他们怀着一颗迫切的心想再见木心，并非以为当年对木心的"滴水之恩"，今日应有回报。但木心拒见当年工艺品一厂的任何人，确实令他们一时难以理解。

"2007年仲秋，我们小兄弟聚会，小华兄叙述了木心拒见工友的经过。第一个去见木心的是巧生师傅，这是一个古道热肠的直筒子，他作为我母亲的学生，从启蒙教育中灌输的恻隐之心，依然沉淀在血管里。已八十五岁高龄的老人家回忆道：木心家里成分是地主，自己又成了'黑五类'，在以阶级斗争为纲的时代，肯定被厂方抓了阶级敌人的典型，但他的美术设计水平很高，不要说厂里了，就是全上海都无人可及！我对木心总的看法，此人心气很高，有技术、有才华，过去的种种遭遇没能让他放弃所掌握的知识，是金子总会闪光的！有了这层看法，所以当木心回国后，我立即坐火车去看他，遗憾的是，他客气地让秘书回拒了。"

"木心怕见工友，是为了不再揭开业已流逝的伤疤，将那段痛苦的岁月，永远封存在心底。人们只要看一下木心故居他自撰的生平就明白了，他自踏上社会的工作单位都交代得清清楚楚，唯有 1967 至 1979 年在上海创新工艺品一厂的那段经历是空白，即用了'我厂'作为替代。试想，如果木心见到了昔日的工友，即使如我这样算他的学生，他立即会产生蝴蝶效应，联想到昔日的苦难，乃至浮现那些伤害过他的人与事。如此，我们为什么要去打扰木心呢，让他在归隐田园的桃花源里安度晚年，不是很好吗？由此，我真诚地希望工友们理解一个曾经差点被整死的老人，恐惧迟暮之年噩梦缠身的悲苦心境！"

木心拒见当年苦难时期友善对待他的工友们，作者分析道："不难推论，木心时刻在想念昔日关照过他的工友，只因创新厂对他的伤害实在太深了！"

的确，这是木心拒见当年工友们的原因之一。但他们毕竟不知其所以然。更没明白，在实际上，木心并不是他们的

"工友"。戴着"帽子"的木心同他们之间，实际上属于社会上的"异类"，同所有其他的群众处在一个完全不平等的地位。这种特殊的关系是时代因素所形成的，同"友"的概念不可同日而语。

这种情谊确实十分珍贵，但毕竟没有大到足以弥补木心的伤痛，且是任何人难以弥补的。他们很难理解：在那段时期，戴着帽子、被迫接受监督、强迫劳动，那种他人即地狱式的最深刻的感受，远比监狱更为折磨人。

如果单独关禁，你只与自己相处，一切自己承受，面对的只是自己。如果关在大牢里，周围的人也都是囚犯，所以彼此之间是平等的，无论怎样，你是同人在一起。但在社会上，孤身一人处于群众的包围之中，任何人都有权侮辱你，欺凌你，打骂你，不需任何理由，仅仅因为你是异类。稍有反抗，定会招来更为严重的后果。此外，你还得干他人所不齿、最苦最累最脏、人格最受羞辱的活，包括众目睽睽之下，每天都得去打扫男女厕所。这时候的你，既如一个人处在鬼蜮之中，又如一个"鬼"处在人群中，同时遭受着这双重的酷刑与荒谬。这种强烈的对比，会最大限度地碾压一个人的自尊，精神的摧残所造成的心灵伤痕，比肉体上的创伤更为严重，既难恢复，也永难抹去。

我理解木心为何在乌镇幽居期间，拒见当年那个工厂的任何人。但那些工友也绝没想到，那时真正给予木心精神支

维护尊严的一生

撑和安慰的，是他下班之后，偶尔能与自己的朋友们饮酒会面，这是那些善良纯朴的工友们所无法知悉的，也是木心无论如何不会向他们透露的。对于木心来说，那是相互隔绝的阴阳两世界。

"王子"与囚徒重返人间

一

　　木心在上海时期，有一个生涯中重大的转折：一下子从苦难中解脱出来，获得自由，从人皆可欺可侮的处境中，瞬间成了人们眼中的"人上人"，其中的曲折过程，一直无人知晓，直到 2016 年的初冬方才开始揭晓。

　　2016 年初冬，陈丹青短信告诉我刚接到电话，胡铁生的儿子胡晓申要来乌镇见面。我听木心说过，胡铁生是他的恩人，而八十年代初我也曾偶尔在上海见过胡晓申一面。此前丹青同胡晓申尚没谋面，但知道木心向他提起过的恩人胡铁生先生，胡晓申忽然到来，十分喜悦。凡是当年上海同木心有关的好朋友，丹青都格外重视，何况是木心恩人的儿子。胡晓申是托了他的熟人经过周折，好不容易得了丹青的电话号码，两人终于联系上了。

木心美术馆的一次活动结束后，丹青从众人的围绕下脱身，同他的太太请我和另两位朋友一起吃饭。胡晓申正开车在赶来的路上，因为第一次来到乌镇，路况不熟，迟迟到来。

大家正在用餐之际，丹青接到电话，立即下楼去将胡晓申夫妇接过来。席间，丹青迫切地询问起胡铁生为木心平反的细节，胡晓申也就开始讲述当年木心的种种遭遇和平反的内情。

回沪不久，胡晓申的太太给我电话，请我下午到他们家中做客，别的什么也没说。到了胡晓申的府上，先是饮茶闲聊，不一会他太太拿出一盒蛋糕，告诉我今天是胡晓申的生日，但不设宴，一位客人都不请，就你一人，等一会我们三人到锦江饭店北楼吃饭好好聊聊，包房已经预订好了。如此热忱，盛情实在难却，欣然从命。

席间，木心无疑是主要的话题。我觉得胡晓申上次在乌镇同我们个别所说的那些细节，虽然难得，但外界还是不得而知，很有必要作一次公开的披露，大白于世。于是我们商量用什么方式。最后我具体建议，你同丹青做一次视频对话，话题的内容发布在网络上，这样传播面就比较广，地点就设在木心平反后担任上海工艺美术协会秘书长和《美化生活》主编的办公地方——上海工艺美术协会研究所。具体时间我来同丹青联系和策划。胡晓申夫妇很高兴地接受了这一建议。

不久我同丹青约定了时间，在他去乌镇木心美术馆而途经上海时举行，我也替他们简洁地拟了对话内容的书面提纲。在虹桥高铁站接到丹青后，两人直接到汾阳路上的工艺美术协会研究所，胡晓申夫妇已经在那里作了完善的安排，一切十分顺利。到了上海工艺美术研究所，如今的上海工艺美术博物馆，先参观了木心曾经的办公室，还同两位当年木心的同事聊了一会后，随即开始视频对话，录像人员早已做了准备。

　　在视频对话正式开始之前，胡晓申的太太就迫不及待地对我们说起一些当年木心所遭遇到的细节，听得我不仅难受，而且愤怒。尽管胡晓申在对话中提及了一些，但许多具体的细节对话中还是没有多说。

　　对话以丹青提问、胡晓申回答的方式进行。因为彼此已经认识，所以十分轻松，但问答的内容和范围紧扣人心，许多可贵的内容值得在这里向读者详细披露。

　　陈丹青一开始就问道："木心在那个期间受到的一些遭遇，他自己不肯讲的，但他一定埋有太多屈辱的回忆没有讲。"胡晓申回答道："他对我也没有讲，我是从厂里听到的，不讲就再也没有人知道啊。我和他们厂里的设计师，好几个都熟，还有一个，跟他学画的学生，叫小朱，也熟，我知道的都是他们告诉我的，他从1957年开始，就长期劳动改造，当中经历过两次被拘留，他的生活是非常苦，1973年小朱刚进厂。他所遭受的苦，是常人难以忍受的。尽管如此，他也从来不在我面前流露，我也是听他的厂里的朋友、同事告诉我的，在厂里，他是顺着墙根走的，头低着，厂里有规定，任何人不准跟他交流，不准讲话。小朱说有一次跟木心交流了几句，第二天就被批判了。当时木心在厂里就是低着头，顺着墙根走路。"

木心当时的生活条件，最为明显的，就是他抽的烟，是当时最便宜的"生产牌"，白纸包装，八分钱一包，烟丝的劣质可想而知，就是这样的香烟，也是托人买的。胡晓申认为，长期抽这样的烟，对木心的身体肯定有很大的伤害。

胡晓申回忆这些往事时说道："后来我跟木心讲到这些事的时候，他笑笑，他说，其实厂里管我的也好，骂我打我的也好，在我的眼里都是不屑一顾的，我没有把他们摆在一个同等的位置上去看，因为他们没有文化，不懂艺术，我白天被人斗，被人打，干最脏最苦的活，都没有关系，晚上回到家里，是我的世界，我就是王子，我可以写我喜欢的，画我喜欢的。他就是这样的心态。木心还说：因为我对艺术的挚爱，所以再大的痛苦，我都可以把它坚持顶过去，因为我要完成我的艺术的使命，要完成我文学的使命，我这两件事没完成之前，有再大的屈辱我都可以忍住。"

陈丹青接着说道："我在纽约刚认识木心先生的时候，他就跟我提到令尊大人的姓名，于是我们立刻就交流过去那段经历。他对我说：这决定性地改变了他的命运。当时我一直好奇，木心在经过那段日子以后，是怎么出来的？又怎么从那小工厂里面最后变成了工艺美术家协会的秘书长，这也是他生涯中一

172

段短暂的有行政职务的时期。在关于木心先生整个年表中，这一段是最模糊的，我们只知道一些大概。木心美术馆里我也陈列了他当时的申诉书，但背后的故事都不知道，现在只有你一个人知道，令尊大人胡铁生先生是木心先生的恩人，木心自己就是用恩人这个字跟我讲的。今天遇到了你，这是很难得的机会，请你详细说说。"

胡晓申早有准备，回答道："好的，我把当时的事情回顾一下。那是 1978 年，大概在 6 月份左右，当时'四人帮'倒了没多少时间，我父亲在上海计划委员会任顾问，还没有完全恢复工作，当时的计委主任叫陈锦华，以后做了国家发改委主任，他在上海当时是市委副书记兼计划委员会主任，1978 年 6 月份，我爸爸提了个建议，说我们为明年的三十周年国庆筹备一个大型的工艺美术展览会，锦华同志一听，很好啊，立刻开会研究，做了决定，由胡铁生挂帅，下面统辖三个局来协调，一是外贸局，二是手工业管理局，三是商业局，由他做筹委会主任，当时我父亲就提名将贺志英从工艺美术公司借调过来，做办公室主任。搭班子了以后，办公就在工艺美术研究所，汾阳路 79 号。"

"这时我父亲提出的第一个问题就是，一个大型的展览会，总体设计至关重要，大家会上都热议，认为这个讲得很对，于是贺志英插话说：胡局长，我给你推荐一个人，这个人叫孙牧心。这个人在创新工艺品一厂，这个苦啊，就没法形容。老爸问道，什么叫苦？他说，这个人从1957年进了这个厂，业务水平是全厂最好的，但只要有运动，就把他拎出来，不是批斗，就是写检查，就是关禁闭，有段时间，还被静安分局关了半年多，拘留起来。我老爸立即问道，他现在干什么？贺志英说，他现在干的活，我说出来你们吓一跳，这个厂的卫生设备很差，没有抽水马桶，完全是用上海人用的那种老式的木头马桶，厂里有两百多个人，男同志有一百三四十个，就那么四个木头马桶，每天解手，全部由他去打扫。这是最脏最苦最累的活，叫他干，为什么呢？他头上有三顶帽子，坏分子，地主，还有一个最可怕的叫现行反革命，这三顶帽子，随便哪顶戴在头上，都是不得了的事。我老爸一听，马上说，这样，明天我就要见他，既然是业务水平最好的，干什么我不管，我要先见他一下。"

由于时间限制，视频对话某些细节没有提到，但却十分珍贵。此前在同胡晓申见面时，他曾提及一个细节，我特别牢记：

第二天，木心得到通知，就到工艺美术研究所报到，局长胡铁生在所长办公室里等着见他。见面之前，胡铁生听说了木心的苦境，心想那么多年来，备受折磨的木心一定狼狈不堪，每天干着最脏最累的活，还时刻被人欺负，进了厂就畏畏缩缩低头走路，一定是焦头烂额，蓬首垢脸。不料推门进来的，竟是一个衣着整洁、挺挺括括、相貌堂堂的男子，站在局长大人面前不卑不亢。

一个小时谈下来，胡铁生下了决心，冲破重重障碍，拍板为木心平反。当天胡铁生回家，高兴地对儿子胡晓申说：今天下午我约了个人，是我们整个手工业局里我认为最厉害的一个，不但设计水平是最好的，他的文学素养、中西文化都通，谈古论今，从诗经一直谈到历代的诗词下来，从唐朝的、宋、元、明、清的全部都下来，我没想到他那个记性那么好，有的诗竟然能顺口就背出来了，像这样子的人才摆在工厂里，叫他去刷马桶，扫厕所，太浪费人才了。

胡晓申在对话里没有提到的是，实际上早前胡铁生就知道设计公司里有木心这位能人，1965 年底，在当时的中苏友好大厦（现为上海展览中心）举办上海工艺美术展览会，正是胡铁生慧眼识木心，将其从最底层的单位（按木心自撰简历，应为一家"广告公司"）调出，任命为展览会的"总体设计"，展览办得很成功。

胡晓申在对话中继续说道："这样子吧，明天我（胡铁生）要看看他档案，到底是怎么回事。第二天档案调来，父亲仔细看了看，档案上就是学生到设计师这段经历，完了他跟贺志英讲，通知厂长到我办公室，我要跟他谈谈。厂长来了，老爸跟他开门见山：这样子的一个人，你能让他干这样的活，我讲两条，一是浪费，对国家来讲，也是浪费，二，我看过他的档案，就是学生加设计师，地主是他父辈的事，如果硬扣个地主的帽子，我认为是错误的，为什么，我们的革命队伍中，地主、资本家出身的干部，大有人在，经过残酷的战争考验，枪林弹雨，都给国家做出巨大贡献，就因为他父亲是地主，我们能给他定为地主吗？我现在用展览会的名义正式通知你，立刻把他借调到我这来，我要让他做总体设计师。"

"听胡铁生这么一讲，贺志英在旁边马上讲话说：就这样子还不行，胡局长，这个人三顶帽子，如果你真的把他调出来，要承担巨大的风险，弄得不好，你自己位子也会搬掉。因为这时 1978 年，三中全会还没有开。蒋厂长在旁边说，胡老，没有一个领导敢做这个事，你今天这个决定，是要冒非常大的政治风险的，我们都替你捏一把汗。老爸说，去把他调出来，以后出任何事情，政治上有任何风险，由我全部承担。就这样，木心很快就到研究所报道了。"

这时丹青问道："他当时能够一个人当机立断做这件事情，这真的蛮少见的，当时你父亲做了这个决定以后，大概多久木心先生就来上班了？"胡晓申回答说："第三天做了这个决定，第四天就来报到。"

这是一段珍贵的回忆，也是历史的见证。当年的确有一群这样的老干部，经过十年浩劫的磨难之后，官复原职，有的还没有恢复官职，就已经开始很急切的要找人才，要做事情。胡铁生当时做这个决定是个很有戏剧性的情节，因为十一届三中全会是 1978 年年底才开的。真可谓铁肩担道义。

没几天之后，木心就来到胡铁生的家里，汇报这个设计工作的构想，与此同时胡晓申就见到了木心："他给我第一印象，看人非常专注，很锐利的眼光，但是人却很温文尔雅，穿着很得体，我总觉得他身上有一种贵族气质，他们聊完了走后，我就问老爸，刚才来的这个人，跟我平时见到的人不一样。老爸说了，这个人我把他解放出来，委以重用。我曾经跟你说过，这个人洞彻中西方文学，从美学到哲学到历史，他的学问非常深，学养很好，所以，我非常欣赏他，我不但要叫他做总体设计师，很快，我要成立上海工艺美术家协会，还要给他更重的担子。"听到这里，丹青立即说："对，就是这个职务，你讲讲看？我一直很好奇，他怎么后来会有这个职务。"

这个话题确实为当时外界的人们所不知，胡晓申于是详细地回答了当时亲身经历的情景：这个时候已经开始筹备工艺美术协会了，胡铁生说让木心做总体设计，只是一方面，展览会如期在 1979 年 9 月 25 日开幕，同时两个展馆，在工业展馆和中山公园，因为展品太多，获得了空前的成功，获得一致好评，当然，木心是功不可没的。事后，胡铁生又约木心到他家里，跟他谈起要成立一个上海大型的工艺美术协会，让他担秘书长，但是出去不要和任何人说，因为有很多眼睛都盯着这个位子呢，这个位子在整个行业是最高的。木心谦让地说："胡老，你有那么多人，我已经有事情在做了，就让别人做。"胡铁生说不行，非你莫属。此刻木心只得听从："你只要决定了，我一定竭尽全力去完成。"

不久，胡铁生在上海科技会堂召开了一千多人的大会，局里的各级干部和技术人员济济一堂。大会上他提议成立"上海市工艺美术协会"，需要有一个人来担任秘书长，主持日常工作。此前胡铁生一直保密，当时都不知道由谁来担任，都以为秘书长一定会是一位上海滩的名人，没想到胡铁生却当场宣布："我提名，由孙牧心同志担任首届上海工艺美术协会秘书长。"

此语一出，全场顿时一片静默，下面没有一点声音，这时胡铁生果断地说："同意的鼓掌，举手通过！"听局长这么一说，下面立即一片热烈的掌声，然后一致举手通过。胡晓申当时也在下面，听到旁边有人窃窃私语："胡局长的胆子真大，把一个三反分子一下子拎到秘书长这个位置，这个魄力太大了。"

陈丹青问道："后来据我知道，木心也不太愿意提这件事情，就是后来《美化生活》这个杂志主编，这个事准确是哪年的事？这是谁的主意？"

胡晓申回答说："这是1982年上半年的事。我父亲提出：工艺美术协会成立了，协会最好办一个自己的会刊，用这本会刊来传播美，普及美的知识，用这个会刊来指导消费，促进生产，因为我们的协会还是跟企业休戚相关的。于是把木心请到家里来，他（胡铁生）说你的国学功底我是知道的，是很深厚的，学养这么好，我这本杂志，第一任创刊号主编非你莫属，你也不要推。木心说：胡老，你既然这么说了，那么我就当仁不让，我就做。"

对话即将结束时，说到了木心的画，胡晓申说道："他的画很精彩，我想起来了，出国前他还送了我两幅精品留作纪念。"

木心送胡晓申的这两幅画，上次在乌镇吃饭时，从手机相册里找出了给丹青和我看过，非但精彩，而且还不是我们通常见到的转印山水画。印象最深的是其中有一幅手绘的画，纯抽象，图中有一个向上的三角形的造型，背景幽黑。也许这是最早的"木心塔"的构思吧。

木心转印画

木心：《上海赋》中人

木心曾说："上海是我的第二故乡。"

但是木心几乎从来不提自己在上海的旧居。知者甚少，去过者屈指可数。近年来读到不少关于木心的文章，在缅怀与追忆之外，也有一些以讹传讹。其中一例就是网络上流传最多的一张木心上海旧居照片，"大名路167号"。其实完全不符，是在临近外白渡桥下的长治路上，同大名路平行，隔开一条马路。这是一栋当年公共租界留下来的四五层砖石结构楼房，环境幽僻，与照片上两层砖木结构街面房完全两回事。2017年在乌镇同木心的外甥王韦先生见面时，同他也确认了。

进了大门上得二楼，右手即是一狭长的小间，进了房门后，还有三四步台阶下去。室内简朴淡雅，很多家具摆设都是他自己亲手设计的，贴墙的书架上几排中外书籍。这一住处，木心对绝大多数朋友都秘而不宣，可以登门者寥寥无几。

"我甚至记得进入大楼时的阴暗光线，宛如狄更斯笔下的气氛。"多年前我在《木心上海剪影》中对自己的感受作了这样简短的描绘。

不料近来当我偶然看到木心的《同情中断录》时，木心对自己旧居所作的简短描绘，气氛的感受不谋而合："我还是要住在外滩的'故居'，那是一幢德国式的老公寓，四层，阴暗而庄重，像走进了杜思妥也夫斯基的小说中，悲欢离合四十年，老公寓积满了我的红尘记忆。"

相同的是那种"阴暗而庄重"，不同的是，我的比喻从狄更斯的小说《雾都孤儿》那里来的，而木心的感受是杜思妥也夫斯基的小说里来，两者的气氛其实一样，是旧上海这大都市遗留下来的特有感受。

从前的木心，不仅在时间的水流中变化，上海也在变，从前的木心看上海，同十多年后再次看到的上海，都不再是同一位木心、同一个上海。真所谓"人不能两次踏进同一条河流"。然而，木心依然是木心，上海还是上海。

"我开始写《上海赋》，好比一个悲剧演员在演小丑。"这是木心对《上海赋》最确切的写照。读懂这句，才能懂得木心。

"有一阵到处都在怀上海的旧，但不是电影里那样，一副馄饨担，一部黄包车就是上海了。我看那些老洋房、大都市、车水马龙，那种浩荡温情，好像君临万物，心怀慈悲，又嘲笑又喜欢。就这一念，我开始写《上海赋》，好比一个悲剧演员在演小丑。"

大多读者都读过木心的《上海赋》,欣赏不已。有人说:"假如没有木心对上海小弄堂这种力透纸背的写照,那么王安忆的上海小弄堂物语,可能会成为经典,至少在李欧梵那类教授的心目中。"

2001 年,《上海文学》刊发木心的《上海赋》。据说上海作家陈村一读,"如遭雷击"。"不告诉读书人木心先生的消息,是我的冷血,是对美好中文的亵渎。""我这辈子读过无数中文,结识许多作家。毫不夸张地说,木心先生的文章,在我见到的活着的中文作家中,最是优美、深刻、广博。"陈村还说:"依我私见,读过木心先生的上海,其他人写的上海都是伪作。"

木心的《上海赋》,写出了许多在上海出生的上海人所没能用文字表达的生动感受,尽管木心所描绘的那些细节,在那一代人的眼里司空见惯。

每个大城市都有它独特的文化魅力,说到上海,其中独特的上海方言具有不可替代的凝聚力,也是历史所沉淀下来的城市亲和力,是出生于斯或长期生活于此的人们的无形黏合剂。而上海话的特色更显著,即使移居在异国他乡的上海人,也难以消磨这一印记。

木心同陈丹青二十多年的肺腑之交,有许多精神与情感上的因素,但依我所见,其中离不开俩人上海话的亲和力。一起促膝长谈,随心闲聊,甚至讲笑话讲脏话,一老一少,没有隔膜，不用上海话交流很难想象。从某种意义上来说，上海话延续了木心上海人的情愫，尽显本色。

八十年代有位作家，写过一部《上海生与死》，不知道木心在纽约是否看到过，看了有何感受。但觉得木心即使看了，也不会多说什么，也不必多说什么。

陈丹青在《绘画的异端》里，提到木心关于"纯抽象"的议论时出其不意地加了一句："要点仍不在'纯抽象'，而在木心是'上海人'。"

"我所谓'上海'，固然是指少年木心记忆中的沦陷期上海（他读到张爱玲在孤岛发表的头一批小说），更是指1949到1982年，木心实实在在度过青壮年时代的那个上海。"

我的心里也有一篇《木心：〈上海赋〉中人》，想写他怎么在上海的马路上微醺夜游，怎么在酒店小肆里饮酒解愁，怎么同朋友在上海的街上意气风发，怎么在幽暗的居处张望偌大的上海，怎么茕茕孑立，踽踽独行，困兽犹斗。但回过头来，还是先写一下他在迁居乌镇前悄悄回上海的感受。

暌离上海十二年之后，当他第一次故地重游，首先想到的是俄国音乐家格林卡。木心写道："格林卡从外国浪荡归来，一下马车，倒地亲吻俄罗斯的泥土，此亦可谓忠厚之至矣，我少年时从银幕上睹此情状，不禁大恸。今日我比格林卡去国更久，历难更多，念不可谓不切，志不可谓不诚。"

他带着上海回上海，其心之热，期盼之切，可想而知。

"上海的沧桑递嬗，区区的我算得是'过来人'，故曾情不自禁地写了《从前的上海人》，又忍俊不住地续作《上海赋》，意犹未尽，还想来一长篇《申江余烬录》，打从二十年代末痛写到八十年代始，皮里阳秋，以快海内外正宗'老上海'之心。"

不料"庸讵知此番归去一看，缘已尽矣，气也泄了，这样的'上海'，与我何涉。该地方正流行着一句口头禅，曰'勿搭界'。意即不相干，我的魂牵梦萦的上海哟，奈末真叫勿搭界，哦搭侬无啥话题哉（上海话：我与你没什么话可说了）"。

想当初："少年青年，消磨在霞飞路及其支路上，名贵的书本画集唱片，源源而得之，欧陆流行什么，上海随之时兴，那种同步感予我'天涯若比邻'的幸乐和骄矜，世界人文精髓的浸润荡漾，皆与霞飞路有终身难忘的渊源。我的壮年中年，每日工作上班必经大马路，熟悉得能依次背诵两旁店名一无失误，寓所又在白渡桥之北堍，约会散步总在外滩的林荫道上，江海关楼顶的钟声一如格林威治的音调，当年的上海俨然东亚第一大都会。"

然而正如木心自述："到底我不是格林卡。"时过境迁，·物是人非，不禁令木心大叹：阿Q别来无恙，十里洋场不见洋，沪道更比蜀道难，上海，我走到哪里，它变到哪里，身在噩梦中似的。

在回到故乡乌镇定居之前，木心曾悄悄地到上海走了一圈。

木心：《上海赋》中人

短短的几天里，有一次在老锦江楼上用饭之后，木心提出去北四川路看看。打车不远，经过石门二路时，陪同者忙问："您被关过的地牢，就在这附近吧？具体在哪个位置？"

木心只是"哎……"接下去便是沉默。

车至四川路，下车闲逛。路过乍浦路，离旧居长治路不远，本想去看一下，但才过两条马路，便对陪同者推说走不动了，不去了。是近乡情怯？抑或不愿勾起惨痛的往事？石门二路也好，四川北路乍浦路也好，尤其是旧居长治路一带，对于离别上海已久的木心意味着什么，实是他人所无法体会。

"住处在白渡桥北塊，我南塊下车，走上桥顶靠着栏杆，土腥的江风吹来，浊浪拍击岸沿，和原先是一样的，十二年前的夏夜，我特意迟睡，来这一带作告别式的漫步，觉得人有罪，物是无罪的，故以爱抚的目光，周视了外滩的建筑和树木——此刻是冬天的下午，灰白的阳光下大片眼花缭乱的形相，人之罪沾满了无罪之物，我是一介远客、稀客，感觉着人们感觉不到的东西，清醒得晕晕然似将撒手虚脱。"

这里的虹口，是木心往年最为熟悉的地段，不仅旧居在此，还居住着多位当年交往较深的朋友，有无数难忘的故事和回忆，但是木心此次却一位都没见，朋友们也一概不知。最终深感："多情者的后路并非无情，而只能是慎于用情吝于用情了。"曾经的相濡以沫，如今"相忘于江湖"，是木心晚年最好的选择。木心自认："幸有'杀伤力极强的淡漠'，把握控制住了。"

童明先生曾经问木心："可是有一天你会写回忆录。那时候你会怎么做呢？"

木心回答说："我也在等待那一天。我必须等到能把自己当作另一个人的那一刻，等到自我消散的时候。那将会让我非常喜悦。"

同样，在木心的深处，还有他自己另一篇《上海赋》，只是永远也不会去写，而他自己则是这《上海赋》的赋中人。

从上海到纽约：出国前后

七十年代末中美建交，刚进入国门初开的八十年代，汹涌而来的出国潮势不可挡，能出国的、想出国的，个个似八仙过海，各显神通。此刻的上海处于较为优势的历史地位，凡是同海外有点亲友关系的人们，无不挤入这一潮流，首选美国，其次日本。回顾起来，其中美貌女子出国嫁人是当时出国最为便捷的途径，那时流行一句"华籍美人嫁美籍华人"，一时有姿色的年轻女子，无不千方百计寻找门道，只要能外嫁，再丑再老的在美华人，几乎都能抱得美人归，为我屡见不鲜，举不胜举。

其次是年轻的知识分子，凡是有才能有学历有关系的，也无不竭尽全力加入出国潮的大流。当时上海最为火爆的，是学"托福"、考"托福"热，最出名的学校，是一所前进业余学校，夜夜课满。"托福"合格，获得美国正规大学奖学金出国的，最为理想，其他各类语言学校等等的，也总有人能找到门途。但这类签证最为麻烦苦恼的就是寻找担保。找到担保，意味着成功了一半。

木心出国的担保究竟是谁，说法不一，他也从不向外透露。在《木心闭口不谈的隐痛岁月》一文里，作者提到当年木心所在的创新一厂的工友，向一群没能被木心接待的同事说，是他帮木心找到了担保，被木心视为恩人，木心居住乌镇时，唯一破例接待了这位同事。也有木心的旧友王元鼎说是某位在美女士为木心作的担保，所有这些，都无法探究。

木心的朋友中，首先同他一起出国留美的，是陈巨源的弟弟陈巨洪。王元鼎陪陈巨洪去买机票的时候，正好遇见木心，但因两人已经不和，彼此没有说话。木心的朋友中随即出国的，为数不少，画家居多，其中不乏已在上海获有名声的画家。其中有几位在美时期也曾拜访过木心。还有几位年轻的画家，在国内美术界已有成就，到了纽约后结识了木心，并成了他文学班的学生，其中有一位就是陈丹青。

在这潮流中，陈巨源自然也不甘心，托了朋友，找了担保，并交给这位朋友三十几幅画。遗憾的是，这位朋友找的学校，英语要求极高，同巨源的实际情况不符，结果没获签证，几十幅得意的作品也随之水漂，为心头之痛。

得知木心准备出国留学，为此忙碌努力的时候，我们几位特地去拜访了他，聊的主要话题是他所最为关注也极为忧虑的事，是否能获得审批取得护照？

1981 年的时候，申请护照是一件颇为折腾令人生畏的大事，获得各项所需材料，必得过五关斩六将，对于木心更是如此，尤其因他是历次运动对象，多次遭遇关押，戴过各类帽子，不被剥掉几层皮，难以超生。因为护照的申请和审批，是由所在地的区公安分局负责，大家一起商讨，七嘴八舌出谋献计，例如通什么门路，或者将户口迁到有关系的区里，等等，但最终都并无良策。尽管如此，木心依然淡泊坐定。大家也都知道他向来自有城府。

这里有一个小小的争议，值得一探。当时木心已经获得平反，并立即高居上海工艺美术协会秘书长的职位，在许多人看来，这是局长胡铁生一人之下、工艺美术界万人之上的地位，可望而不可即，何况还兼任当时很稀罕的杂志《美化生活》的首位主编。仅凭这些身份地位，如果留在上海，前程何等辉煌，富贵可想而知。但木心对所有这一切根本没放在眼里，朋友面前几乎不屑一提。

抛弃这等令人艳羡的地位，确实令人匪夷所思。有一次出席纪念木心的《从前慢》音乐会，遇见了胡晓申和他的太太，不免又谈到了木心。他的太太感慨地说，如果木心当年不去美国，而是留在上海，凭他当时的地位和才华，一定飞黄腾达，条件不知要好多少倍。的确，从实际利益来看，她说得没错。

但是，正如丹青所说："我也不替木心惋惜，这一生是他选择的，他承受了这个选择。他晚年获得自由，但毕竟是流亡。你们没流亡过，更没在晚年独自流亡，可是木心说到出国艰辛，只说那是散步散远的意思——这不是潇洒，而是，他拒绝诉苦，拒绝伤感主义。"

不久护照终于领到了，这时将面临另一道难关：签证。于是我们又在登门时，又一起议论起来，七嘴八舌出谋献计。那个年代，出国赴美对于国人来说，其意义之大，今人难以体会。尤其对于没有财产没有家庭、年迈五十以留学名义申请签证的木心来说，自然有所忧虑，难度之大，可想而知，没几招来应付是不行的。

除了流传所说的，木心准备带上前不久完成的那批画，用艺术的魅力来打动领事馆之外，我记得很清楚，木心那天忽然拿出了一张照片给我们看，说是以防不备，到时可能有用。那是一张他与一位美国人的合影，什么身份我不记得了，好像是美国什么协会的会长之类的有地位的人物。

签证时的具体情景，除了木心自己，其实没人清楚。现在我们所知道的，都是一些传说。几乎拒签时起死回生，究竟是传说中那批画关键时刻征服了老美，还是那张照片，还是这两招同时起了作用，现在想来都无所谓了，反正木心获得了签证，福人必有天佑。终于，木心如清风般默无声息地离开上海。

以上两道难关虽然最终通过，但在此前，他还得通过第一道最难的关口，那就是所在单位上海工艺美术研究所的审批和盖章。过不了这道政审，没人替你盖章，后面的一切都休想。木心之所以顺利地过了这道关口，仰赖了胡铁生的网开一面。

胡晓申回忆起这一过程时说道：木心虽然兼任《美化生活》杂志的主编，但此时他已经开始做去美国各种材料的准备。大约在6月份，在工艺美术研究所的大草坪上，木心悄悄地将胡晓申拉到边上，跟他说："晓申啊，跟你说个事，我现在也只跟你说，别人我不敢说，我也不敢对你父亲说，为什么呢，我准备去美国了，我担保人找好了，但是我又不敢跟胡局长直接提出来，万一他不同意，那么我是肯定不能走的。如果他不同意，我还非要走，我也不好意思。再说他不同意，那个章谁给我盖啊？"

当时要到美领馆申请签证，需要所在单位企业的盖章证明。这道关口卡住，其他也就免谈。这时木心同胡晓申商量，请他回去向胡铁生局长吹吹风，看看他的口气。如果胡铁生那里有松动的话，再去跟他当面禀报。木心认为如果直接同胡铁生说，万一他不答应，就没有回旋的余地了。

木心坦率地对胡晓申说："我跟你讲，我有些东西在国内是不能发表的，如果就一直这么下去，那么我的抱负、我的追求和理想，肯定就实现不了了，我这个岁数，五十多岁了，如果要走，这是最后一次机会了。"听了木心这番话，尽管胡晓申也不舍得木心走，因为共在同一个单位里，曾经跟木心学习了不少文学和艺术方面的知识。但最后还是答应了下来，回答木心说：“那好，我回去帮你吹吹风，老爷子松动了，马上告诉你。”

胡晓申当天晚上同他父亲说了木心的打算。“老爸听我讲完这个消息，半天没吱声，冒出一句话，人各有志啊，他说，木心有那么好的文学修养，而且设计画画都是一流，五十多岁了，还有这么大的决心到国外去，到外面是要打工的啊，他有这么大的决心，作为他的领导，作为他的朋友，应该支持他。”胡晓申补充说：“当时他就这么表态，就是这么跟我说的。他说他（木心）一肚子的满腹经纶啊，这个学问，很可能到了国外，会有不可估量的发展前途。”

听到胡晓申转达的意思，知道局长胡铁生那里松这个口了，木心就直接去到他的办公室提出了自己的想法。交谈之后胡铁生当面表态同意，于是木心就回公司办手续。

当时公司的负责人贺志英见到木心要申请出国，表示不同意，特地跑到胡铁生的家里，认为不能放木心走，不同意局长的这个决定，于是胡铁生再做了贺志英的工作，最后才单独在鉴定书上盖了章，因为这个鉴定书必须证明木心的清白：“什么事情都没有。”

下 篇

失落的遗稿：《动机与效果》

迄今在已经出版的木心作品，或是关于木心的研究文章中，没有见到木心自己完整地论自己的画，或对绘画的理论思考，即使偶尔有一些片段或他的片言只语，也都是转述，更没有人见到过木心自己亲笔所写的完整文章。

有幸的是，我这里恰巧收藏过这么一篇，满满五页文稿纸，亲笔钢笔手写，繁写字体，隽秀无比。多年前有位朋友李教授见到我拍的图片，惊讶地说，这么好的字，拿出来简直可以作字帖。此言实在不虚，不只一人有这感受。实际上，比他书法更有价值的，是文中的观点——不仅言简意赅地谈自己绘画作品的"动机与效果"，即文章的标题《动机与效果》，还有大篇对绘画本身的论述，对传统文化和绘画史的思考。不可多得。

木心对自己、对绘画的思考等观点，在上海时我就听到过他的表达，话不多，有时就两三句，都很精彩。去了纽约后，首次展出自己作品的时候，曾完整地写过一篇，极其清晰工整地誊写在文稿纸上，还特地将复印件寄到上海，请他原来的邻居小翁送我一份分享。当时拜读，钦佩不已，但对内容并没深究，或者说那时我还没有能力仔细领会。

当时，小翁不只送我一人，还有其他极个别的朋友。我曾问起他们，都因时光已久记忆模糊而记不起了。当我拿出保留的文稿时，他们还没看内容，一眼看出这是木心的笔迹。

这篇保留了三十多年的文稿，纸张已经灰黄，前年我终于找了出来，送给了丹青，他仔细阅读之后，装在木心美术馆的信封里，作了注明收藏起来。

我问丹青在木心遗留的文稿中，是否有这篇文章的原稿，他说没有，此前也不知道这篇文稿，内容也不知晓。

清晰地记得，除了这篇外，木心当时还寄过另外一篇到上海，个别朋友间也相互传阅，既钦佩又高兴。内容是关于"在日本的演讲"，论述日本文化对中国古代文化的误读。也是同《动机与效果》一样，工整地写在文稿纸上，由小翁转送给朋友。遗憾的是，我拜读之后给别的朋友拿去看了，没有保存，如今再问，居然一个都记不得。真是岁月不饶人。

这里我先将打印下来的《动机与效果》繁体原文和前两页的图片与大家分享。如今年轻的读者可能对繁体字不再熟悉，我在后面将会转为简体来细细剖析，品味其中可贵的内容，一睹木心的文采和见解。

動機與效果

從今天起，公眾看到了我的作品，即目錄單上注明的四種創作五十件繪畫作品。此時此刻，每一位第一次見到我的作品的觀眾，都可能提出，"為什麼這樣畫"的問題。

這裏我必須答復的。一般地說，觀眾之所見，即為藝術品的"效果"，而其"動機"，觀眾往往是放過的，任其深藏不露。但我卻需要觀眾瞭解我的動機。

因為，如果觀眾告訴我，"你的動機與效果已經一致"，就等於告訴我，創作是成功的；如果反之，觀眾覺得動機與效果是矛盾的，就宣告了創作的失敗。

首先，從大的動機來說，我是恪守"感物而鳴"這條原則的，不想作"無病的呻吟"。

假如是我能"感"受到的，也必定是同時代的人也能"感"受到的；這就築成了我與觀眾之間能產生共鳴的基礎。處在同一條件下的人，由於情況的不同，"感"受也可能在深度上有所不全。所以，我還是要豫先說的，我主張積極的"鳴"。

讀到這一點，可能有人不同意。因為我不曾具體的畫過當令的事物和概念，以與"垂鑒戒，助人倫，進教化"的古訓一致，怎能自稱積極呢？

其實，積極並不是"激烈"和"極端"。在現在來說，鼓勵向上的意志，尋求文化概念本身的進展和穩定的人類的情緒使之篤守信念，是更具有積極意義的舉動。

抽象主義，是我開始習用現代手法時首先採取的方式，那要追溯到1964年時，但現在看來，當時的作品只能謂之"客觀抽象"。因為僅是將客觀中出現的抽象形象式摹仿下來，所以不能算是真正的創作，展出它，是為了表示，與過去告別。

"概念抽象"是最近的創作。即以中國傳統哲學的原義為出發點，憑藉純理性的思維作出構思並選擇手段。這種創作的方式，早就存在於明、清兩代盛行的八股文章之中，它有詞藻、有文氣，就是空洞無物無一句實話。移到繪畫創作中去，是目前還不曾出現过的方式。

如果說這一些創作的意義是什麼？就是那些原義所教給人們的溫暖、希望和鼓勵，這是在沉靜的觀察這些繪畫時能夠得到的啟示。

立體、表現、荒誕主義的京劇故實，是在"十二人畫展"之時開始採用的體載。我非常喜歡京劇藝術，更欣賞它的鮮明的善惡觀，在它裏面，必定是善勝惡敗的。這一個主題仍舊是全人類關心的問題。所以我相信這種方式是具有群眾基礎的。"立體、表現、荒誕主義"是明指了使用手段；立體的手法在其中是基本的，但它是一種“自然主義”，為了表現京劇的激動，不得不再引入表現主義的手法。可能對“荒誕”觀眾難於理解，但這種手法卻是存在於中國古典文學、包括戲曲在內的常用手法。

中國的古典文學都是經歷漫長時間的集體創作物。以三國故事而言，最早的《三國志評話》是同《三國志》不一樣的；《三國演義》又同《三國志評話》大不一樣，《資治通鑒》撰寫的三國史事又同上面所有提到的著作不一樣；能說《三國演義》是三國故事的最後完本嗎？還是不能。因為京劇中的三國戲又都是同它不一樣的。而且三國戲的腳本也永無完本的，所以不能不稱這是典型的荒誕派的創作方式；其中情節、人物的性格、結局和演義的主題意義都可以“見仁見智”的更改和補充。

這種情況普遍於所有的古典名著和以其故事編演的戲劇之中，這種方式引起我極大的興趣，因為也躋身於這浩大的集體創作的過程之中了。

但是，儘管翻來覆去的進行了再創作和繼續創作，它的鮮明的善惡觀卻始終沒有模糊過。

認識這一點，也是認識中華民族的鑰匙；數千年來輝煌的歷史，璀璨的文化，無一不是善最終戰勝惡的頌詞。

失落的遺稿：《动机与效果》

木心手稿

歷史的杜撰主義，是去年開始創作的體載。

所謂"杜撰"，是不使用範人、不參改照片和不依具體事件之谓。

這裏展出的，是以1900年這個时間範疇以內的歷史背景所進行的創作。作為中國人，對於近代歷史上蒙受的恥辱是難以忘懷的；也希望今後的中國人永遠不要忘記這段歷史，作為憤發圖強的激勵。

在這时候，在中國的很多地方還完全不曾受到过外來的影響，保持著纯粹中國的原樣；在其他一些地方也遭受入侵和嚴重的影響；更有一些地方，外來的影響已經畸形的發展了。我對這三種情況，都有所描寫和批判；但這種批判，我主要請觀眾去進行下去。

只有一幅《航》，我是傾注了讚揚的。這種讚揚，我也請觀眾去進行，以為中華民族的堅韌不拔的民族精神找出繼續下去，發揚下去的可能。

宮嬪，是1980年起創作的體載。在形式上女性的裸體畫，可是它的主題是對封建中國的批判，這種批判又是通过"貴為椒房"的女性的悲慘命運來進行的。

這些女性不过是不具人格的，只供一個男人洩憤的工具；而百分之九十九的這些女性不會反抗，順從命運的。

中國的封建制度是華麗的，從而掩蓋了它的兇殘，也為個別的人提供了天堂，它的代價輒是犧牲其他的所有人，使人全部沦为没有人格的人。

我還想為採用的工具形式講幾句畫學範疇內的話。

它們是用墨、膠質的顏色畫在宣紙上的，既不是傳統的國畫，也不是習慣的西方方式。

我只想解釋，我為什麼不用油畫進行創作。油畫的敵人是"油"，它會變色，發黃發黑；還使底子發脆。西方在以前也用"濕壁畫法"及"摻蛋清的膠彩畫法"，就是它們畫在不堅固的底子上，以及當時工具的限制，使得油畫應運而生了。

中國的宣紙已經證實是性能最好、又最利於保存的作畫底子。所以沒有理由不採用它。又避免了使用"油"，我相信這種方式是最理想的；再加上使用了中國的裝裱方法就更好了。由於日本的裱式在外觀和視覺上更好，又採用了他們的特點，所以，我認為這是值得推薦的新方式。

二

《动机与效果》的内容，有其来龙去脉。首先，文中所提到的五十幅作品，就是木心在上海时期精心所作，它们产生的具体过程，后面我将详述。文章是为在美国展出时的观众所写，但其内容观点，在上海时期就已酝酿并有所表达，到了纽约后则基本完善。

当我们仔细阅读和分析这篇文章，就会发现木心在八十年前关于绘画的观念，已经相当超前。

木心在文章中开门见山地解答了观众们最为关心的问题："从今天起，公众看到了我的作品，即目录单上注明的四种创作五十件绘画作品。此时此刻，每一位第一次见到我的作品的观众，都可能提出，'为什么这样画'的问题。"

"感物而鸣"和"不想作'无病的呻吟'"，是理解木心的画的钥匙，最简要的表达，最真实的内在表白，胜过无数复杂而空洞的分析研究。

木心接着解说："假如是我能'感'受到的，也必定是同时代的人也能'感'受到的；这就筑成了我与观众之间能产生共鸣的基础。处在同一条件下的人，由于情况的不同，'感'受也可能在深度上有所不全。所以，我还是要预先说的，我主张积极的'鸣'。"

"读到这一点，可能有人不同意。因为我不曾具体的画过当今的事物和概念，以与'垂鉴戒，助人伦，进教化'的古训一致，怎能自称积极呢？"

这里木心强调了他个人一个重要的观念，一反传统的"垂鉴戒，助人伦，进教化"的古训。因为木心的这批画，在当时确实是独具一格，前所未有，为时人所不解，所以他必须有所阐述。

失落的遗稿：《动机与效果》

木心所指的所谓"垂鉴戒，助人伦，进教化"的古训，是因古典传统的绘画有一种"教化"的功能，也就是说，通过绘制古代或现实中的人物写真，来潜移默化地教育人们遵守一定的道德规范或政治信仰。例如对帝王贤相、烈女贞妇等的描绘，图像"以昭劝诫"，劝善戒恶，而巩固自身统治的作用。谢赫《古画品录》谈到绘画的功能时就说道："图绘者，莫不明劝诫，著升沉，千载寂寥，披图可鉴。"

唐代张彦远在《历代名画记》中也这样说教："夫画者，成教化，助人伦，穷神变，测幽微。"强调的是绘画的教化的功能，特别是封建道德教育的功能，无视和否定绘画本身怡情悦性和"感物而鸣"的艺术本身的功能。

值得指出的是，这种"垂鉴戒，助人伦，进教化"的传统和社会功能，千百年来一直在沿袭，直到八十年代初期，依然遗留了这种痕迹。在否定和批判之下，木心在提出创新时指出："其实，积极并不是'激烈'和'极端'。在现在来说，鼓励向上的意志，寻求文化概念本身的进展和稳定的人类的情绪使之笃守信念，是更具有积极意义的举动。"这一观点即使在当今，依然具有现时代意义，但在八十年代，美术界很少有人这样正面地思考过。

很少有人明白，木心在六十年代开始的设计创作，为什么在当时就引人注目，独具一格。实际上木心在这篇文章里就有所提及，那就是观念上形式上的超前。具体来说，几十年来，国内很少有美术家具备西方美术界早就完备了的现代绘画观念和形式，大多固守传统，更不用说那些在当时所禁忌的现代绘画手法，其中包括绘画的抽象概念。这里木心直言不讳地指出，自己的绘画作品为什么与众不同地创新，为什么有所超前：

"抽象主义，是我开始习用现代手法时首先采取的方式，那要追溯到 1964 年时，但现在看来，当时的作品只能谓之'客观抽象'。因为仅是将客观中出现的抽象形象式摹仿下来，所以不能算是真正的创作，展出它，是为了表示，与过去告别。"

与此同时，木心还在理论上做了阐述：

"'概念抽象'是最近的创作。即以中国传统哲学的原义为出发点，凭借纯理性的思维作出构思并选择手段。这种创作的方式，早就存在于明、清两代盛行的八股文章之中，它有辞藻、有文气，就是空洞无物无一句实话。移到绘画创作中去，是目前还不曾出现过的方式。"

"如果说这一些创作的意义是什么？就是那些原义所教给人们的温暖、希望和鼓励，这是在沉静的观察这些绘画时能够得到的启示。"

由于木心在文学戏剧方面的造诣，他将话题引申开来，作了形象的比喻和借鉴：

"我非常喜欢京剧艺术，更欣赏它的鲜明的善恶观，在它里面，必定是善胜恶败的。这一个主题仍旧是全人类关心的问题。所以我相信这种方式是具有群众基础的。'立体、表现、荒诞主义'是明指了使用手段；立体的手法在其中是基本的，但它是一种'自然主义'，为了表现京剧的激动，不得不再引入表现主义的手法。可能对'荒诞'观众难于理解，但这种手法却是存在于中国古典文学、包括戏曲在内的常用手法。"

"中国的古典文学都是经历漫长时间的集体创作物。以三国故事而言，最早的《三国志平话》是同《三国志》不一样的；《三国演义》又同《三国志平话》大不一样，《资治通鉴》撰写的三国史事又同上面所有提到的著作不一样；能说《三国演义》是三国故事的最后完本吗？还是不能。因为京剧中的三国戏又都是同它不一样的。而且三国戏的脚本也永无完本的，所以不能不称这是典型的荒诞派的创作方式；其中情节，人物的性格，结局和演义的主题意义都可以'见仁见智'的更改和补充。"

"这种情况普遍于所有的古典名著和以其故事编演的戏剧之中，这种方式引起我极大的兴趣，因为也跻身于这浩大的集体创作的过程之中了。"

"但是，尽管翻来覆去地进行了再创作和继续创作，它的鲜明的善恶观却始终没有模糊过。"

"认识这一点，也是认识中华民族的钥匙；数千年来辉煌的历史，璀璨的文化，无一不是善最终战胜恶的颂词。"

对于传统文化，木心在这里无形中运用了黑格尔的关于"扬弃"的理念，也即否定之否定的进展，既需传承，又需创新，与时俱进。

正如丹青曾经说过的那样：我画的时候，没有具体的对象就画不出来。木心相反，他对着具体的对象就画不出来。这一点，木心在文中也道出："所谓'杜撰'，是不使用范人、不参改照片和不依具体事件之谓。""范人"就是指具体实在的人物模特。而且木心的所有作品，都没有任何照片作为参考，也不依照具体事件来构思。这就是木心绘画作品的特有风格。

对于九十年代初女性裸体画的创作题材，木心有一段极其深刻的评价，他认为它的主题是对封建中国的批判，这种批判又是通过"贵为椒房"的女性的悲惨命运来进行的。这些女性不过是不具人格的，只供一个男人泄愤的工具；而百分之九十九的这些女性不会反抗，顺从命运的。

"中国的封建制度是华丽的，从而掩盖了它的凶残，也为个别的人提供了天堂，它的代价辄是牺牲其他的所有人，使人全部沦为没有人格的人。"

文中的"贵为椒房"一语，较早出典于东汉班固的《西都赋》："后宫则有掖庭椒房，后妃之室。"据此可知，椒房乃汉代后妃所居住的宫殿。唐代诗人杜甫的《丽人行》中也写到"就中云幕椒房亲"。椒房是杨贵妃所居之处。后世文人大多将后妃所居之处称为"椒房"，"贵为椒房"实际上就是木心所说的那样，是华丽的封建时代个别的人的天堂，并以女性的牺牲为代价。

失落的遗稿：《动机与效果》

209

我们知道，木心虽然最初虽然学的是西洋画，但他从没画过一幅油画，即使对朋友的油画，也从来不加以恭维。例如他虽然欣赏陈巨源的弟弟陈巨洪的才气，但对他的油画却并不肯定。文中木心对西洋油画与中国画所用的材料做了自己的阐述，这里就不多加分析了。

从上海到耶鲁：木心的画

一

木心一生中都处在自我救赎之中，不仅一个又一个字地救赎自己，也一幅又一幅地画来救赎自己，而且，在我看来，救赎的意义不仅在于精神上的自我超越和解脱，也是为自己在乖桀的绝境中杀开一条生路，将自己从中拯救出来，这是现实的解读，颇有困兽犹斗的悲壮和凄凉。

木心的这种心境，都在他的画中，只是将自己隐退在背后。

八十年代初，木心从上海到纽约带去的五十幅画，如今已成为美丽的传奇。但如今很少有人知道这批画是怎样诞生的，又经历了怎样的曲折和艰辛。

那时的情境，奴役生涯之沉重，无可奈何。"日未出而作，日入不得息，胼手胝足踉跄夜归，涤垢平喘。"尽管如此，如

Art of Mu Xin | Yale University Pr...

Yale UNIVERSITY PRESS

The Art of Mu Xin

Landscape Paintings and Prison Notes

Introduction by Alexandra Munroe; Essays by Richard M. Barnhart, Jonathan Hay, and Wu Hung

Description | Reviews

View Inside

"This gorgeous, large-format book leaves [Mu Xin's] painterly skills in no doubt. . . . This is an excellent and unexpected addition to any collection on modern Asian art."—*Publishers Weekly*

Price:
$65.00

Buy

木心画册介绍

同用文字写作救赎自身一般，木心依然坚持作画，以明心志。去过木心当年所处的居住陋室，更能有所体会。室内窄小，布置紧凑，没有床，但有一个醒目的桌子，其实也就是一块木板铺成，作为他的工作台，写作和绘画等都在上面。这批画就是在这张简陋的桌上含辛茹苦完成，随着他来到美国。当时谁也不会料到，这些画的一大部分最终为耶鲁大学美术馆所收藏。

1985 年，巫鸿先生还在就读博士时，曾为木心在哈佛大学亚当斯阁办了一次个展，获得了普林斯顿艺术史教授理查德·A. 巴哈特的高度欣赏，称之为"时间终结处的风景"。

九十年代初，当时任纽约日本协会美术馆馆长、后任古根海姆三星亚洲高级策展人兼全球艺术高级顾问亚历山大·梦露，在旅美画家刘丹引荐之下，将这批小画和六十六页囚禁中的手稿，举办了一次展览，引人注目。这批画中有十数幅彩墨画具有林风眠的风格，另三十三幅小型风景，别具一格，充满了东方色彩的神秘感，就是他于六十年代开始，在上海所作的被人们称为转印画的作品，不仅具有中国传统的宋元山水的意境，还深深融进了自他出生以来江浙故乡的印象。

1995 年，收藏家罗伯特·罗森奎斯收购了木心这三十三幅转印画，并于 2001 年捐赠给耶鲁大学美术馆。

同年，耶鲁大学美术馆举办了《木心的艺术：风景画与狱中手稿》专展。此后两年，木心的这批画在芝加哥大学斯玛特美术馆、夏威夷美术馆、纽约亚洲协会等美术馆巡回展出。最后一站，该展易名为《山水记忆：木心的风景画特展》。展出期间，美国各家媒体发表了许多评述论文，共计十四篇之多。与此同时，木心的画册也由耶鲁大学在首展期间出版，被评为五星级出版物。

由此，木心在上海期间的这批被称为转印画的作品，从上海到耶鲁，经历了一个曲折而完美的历程。2017年，经木心美术馆同耶鲁大学美术馆磋商，于2017年春天发来这三十三幅木心早期转印画的电子版，授权木心美术馆制作高仿真品，公开展出，还原了昔日在耶鲁大学展出的全貌。

二

无论什么流派的画家，创作中的想象力总是有限的，总会被各种绘画的必然性所束缚，而木心却在纯粹的偶然性中探索出只属于自我的必然性。这正是他的画难被大多数人所理解的原因。

木心很少对他人谈自己的画，在我所保存的他的手稿《动机与效果》一文中，陈述了这批画的感受，以及自己对绘画的观点。文中他论及这五十幅画作时说："如果观众告诉我：'你的动机与效果已经一致'，就等于告诉我，创作是成功的；如果反之，观众觉得动机与效果是矛盾的，则宣告了创作的失败……我是恪守'感物而鸣'，不想作'无病的呻吟'。"

既"感物而鸣"，不"无病呻吟"，正是木心创作这些画的心灵轨迹。

木心在接受《人物周刊》采访时曾回答："早于1984年我在哈佛亚当斯阁举行个展，哈佛的东方学术史教授罗森菲奥说：'这是我理想中的中国画。'耶鲁美术史教授列克朋哈说：'现代中国画中我最喜爱你的画。'到了二十世纪九十年代，美国著名收藏家罗森奎斯一举收藏了我的水墨山水画三十余幅，各大艺术杂志竞相报道，同声赞誉，我在绘画上的声望就此奠基。1996年开始筹备全美博物馆级巡回展，经费浩大过程复杂，有关文字部分要求高臻峰顶，一字一句一标点，务必完美至善。理念修辞上的中西争执，我始终分寸不让，最后总是尊重艺术家的主见，所以虽然劳神苦思，还是心情愉快。那本由耶鲁出版的《木心画集》全球发行后，一直高居五星级，各博物馆及大书店都用玻璃柜置于显著地位，备极荣宠。你说'通行证'？不，我拿的是'邀请书'"。

记者曾问道：只在网上看到《会稽春晖》等几幅巡展画作，觉得那山的笔触很特别，好像是一片片的。先生是不是用了什么特殊的材料与方法？

木心出人意外地回答说："题材和方法都是客体，主体是'灵魂'，提起来真是不好意思，人类已经忘记了'灵魂'这个词。"

的确，木心关注的是他画的内在灵魂，而人们注重的则是画的外在价值。这同木心所写的文字和诗词一样。

然而在上海期间，木心这批画刚完成时，情形完全不同，难为人们理解，甚至受到画家朋友们的质疑。在木心五十岁生日之际，他首次向几位画家朋友展示自己秘藏的作品。但是所获的反应令木心失望不已，这些情景已经为大家熟悉了，我也在前面详细地叙述。

在 2018 年《复旦青年》副刊采访的时候，陈巨源的学生朱国本依然坦率地说："在那之前，我们没怎么看过木心的画。这是我们第一次看到他的画，一下子有点懵，没有人说话。他有点失望。"

"一下子有点懵"，也就是一头雾水，摸不着头脑，十分形象地表达了当时木心的画在各位画家朋友眼里的感受。坦率地说，当时有几位画家朋友实际上并没有将木心作为画家看待，心底里对这些独创的画无法认同，即使事后表达的赞赏，也出于朋友的情谊和对木心个人的尊敬。

即使如今，知道木心的人，大多晓得他是一位作家。但他在美学的流亡中，却总也抱着一种画家情节。他的作画技法独特而新颖，但并没有许多人甚至并没有许多美术界的人士能理解他。

这一原因，基本上出于人们总是将木心的画同传统的绘画相比，尤其是同木心曾经师承的林风眠的画来对比，难以从更深的层次来理解木心和他的画。下面一些采访中的观念就是典型。我之所以特别以陈巨源的观点举例，是因为他既是木心的好朋友，本身也是上海早期资深的画家，所以对木心没有个人偏见，即使在公开的采访中也很坦率地表达。陈巨源认为：

"木心会用笔，他是林风眠的学生，林风眠多少都会用一点的。但当时国画界都不把林风眠的作品当中国画，认为是西洋画。林风眠的特点就是背景黑黑的，画在宣纸上，然后用水粉画、国画颜色、墨，这些东西。平面化造型，用亮色，有点写意的味道在里面。"

"中国画是笔墨。笔墨什么意思呢？像齐白石，线条就是笔，渲染就是墨。他（木心）用笔就肯定不行的，线条都是做出来，不是画出来的。他的笔是假的，大片都是墨的效果。但墨的效果若没有笔，是很单调的，所以他要作出机理来，才让人能欣赏。他的画，看上去很多线条，都是做出来的。"

陈巨源同时认为："木心后来画的东西跟林风眠的完全不一样。他学林风眠的鸬鹚，并不能代表他的风格。他的风格是拓印。拓印是他自己的。林风眠只是过渡。很多人都是被他的文章打动，对他的画了解很少。美术界对他了解更少，也没有什么宣传，没有地方发表他的画。他基本还是被认为是一个作家。他心里很想成为画家。木心美术馆很大，里面那些画很小，展示的很多是文学手稿。他是作家，写文章比画重要得多。他的成就主要是文学。他文字功底是很好的。鲁迅有鲁迅的文体，木心有木心的文体，独一无二的。"

木心博才多艺，绘画在他全部的艺术成就中，其地位与文

木心转印画（耶鲁大学收藏，木心美术馆提供）

木心转印画(耶鲁大学收藏，木心美术馆提供)

学不分伯仲。他说过，"文学既出，绘画随之，到了你们热衷于我的绘画时，请别忘了我的文学。"反之，热衷于他的文学时，亦须记住他的绘画。

陈巨源回忆道："木心曾经说他在画'大唐山水'。有一次沙龙结束，大家散了以后，他就把我带到他家里去，给我看'大唐山水'。即挂在木心美术馆里的大幅山水，很长，吊下来的，那就是他的中国画了。有墨，没有笔，没有线条，都是一块一块的，就跟版画差不多。可以画，但是线条功夫不可以给你看见，看见就露马脚了。块面，用笔扫上去都可以很均匀的。很像抽象画，但是有一点中国味道。中国的水墨画应该只用水跟墨，很透明的，没有粉。但木心是用粉的。他画的山水，水墨不够透明，层次效果很难表现，白的地方透不出来，他就用粉来填。木心说唐朝画里面都有粉的。唐朝时还没有形成正宗的水墨画。唐朝的很多画，青绿山水，是用粉的。要到宋元才开始形成水墨画。所以冠以'大唐'，也讲得通。"

三

平心而论，我比较倾向于丹青对木心画的理解，毕竟，对木心所说的"灵魂"理解了，对他的画才有更多的理解。木心葆有宋元记忆，透过水迹，"我们，如果愿意的话，仍可窥见李唐的森严，董源的幽冥，黄公望的开阔，倪瓒的萧然……在好几幅湛蓝或琥珀色的狭长篇幅中，清寒的苍穹，悬着明月，木心爱画月亮。西洋人画月，叹为自然之美，中国人咏月，可以是自况。'中天月色好谁看。'木心喜欢杜甫这句诗。杜甫在说自己，木心也是。"

"这是一批可怕的画。非人间的僻静，如死亡之地，正好是人间的反面，抑或，绘画的反面（绝大部分风景画是人间的、世俗的、美丽的），倘若它美，也因为它可怕：我不知如何形容这'可怕'——或可说'神秘'。但我不喜欢这个词：这个词不'神秘'，且被用滥——再或者，换个词，即木心的所谓'彼岸'：此岸，人群熙攘。"

"我不是指'意境'（又一个用滥的词），而是，指这些纸片。绘画无声，但我没见过纸片会有这等严厉的僻静——木心形容林风眠销毁的那批画，曾写道：'死一般的静'——布展时，瞧着又小又薄的纸片，我发现，我所谓的'可怕'也被纸面吸收，无迹可寻，如音频的关灭。"

丹青曾花了整整七个月的时间，写下了这篇《绘画的异端》。他说："在文学上，他是个音乐家，在绘画上，他是个魔术家。带着难以测知的理由，他很少，而且不愿谈论绘画。我发现（我觉得），木心爱绘画，似乎并不因绘画的视觉性（如杜尚所说'视网膜'效果的魅力），而是：绘画绝对沉默（如语言的尽头，意义的死角）。这是我尚未遭遇的个例。酷爱绘画的人大抵执迷于色相，木心似乎不是。他总在目灼灼地观察一切，却不怎么爱看画，绘画之于他，似乎，是文学与音乐的另一极。那一极是什么？他长期地，毫无眷恋地停止画画，转向文学，似乎出于一种隐秘的断念。但有几次，我记得，在美术馆目击某画，刹那间他掩饰惊悚（如窥破天机），闪露悔悟之色，似乎绘画嘲笑写作的热情，提醒了文学绝对无能之事。他会忽而噤声，如乡下人谈起鬼怪或禁忌时那样。"

尽管我也想对木心的画说几句自己的感受，甚至我可以作几幅相似的转印画来乱真，但看了这篇《绘画的异端》，实在不敢妄自议论。同丹青对木心的理解相比，我的感受显得很为浅薄。

先撇开专业的技巧来说，怎么来理解木心的画？木心朋友唐焘的一位 90 后的外孙女，学过美术，木心的铁杆粉丝，特地买了木心的画册送给外公，并爆出一句：木心的画，怎么这么难看？相信一定有很多慕名木心者都有这样的感受：黑白，阴沉、黯淡、晦涩、复杂、层叠，没有色彩，简直毫无"美感"可言。当然，也不乏不懂装懂的观众。

"白天不懂夜的黑。"这是我最大的感慨。在我个人看来，无法理解木心的画，就无从理解木心真实的内心世界。反之亦然。如何透过这些画的表层来理解木心，这不是一个单纯的绘画审美问题。如今研究木心画的文章逐渐多了起来，并从其中来探索他的精神世界，作出各种评论。

在表达人类的情绪、感情、潜意识等心理层面的时候，文字再怎样完美，毕竟是可以修饰的，有限的，甚至是不自由的，可被直接解读的。而画，则是内心最真实的投影，是自由的，赤裸的，最直接最自然，无可掩饰的。在表达复杂的、隐晦的、不易表达也不想直接表达的情绪、感情、潜意识等心理层面的时候，绘画往往就是一道面具，能将真实的自我隐蔽在它的背后。

这种理解上的错位，用音乐来比喻也许更恰当一些。柴可夫斯基 B 小调第六交响曲《悲怆》，是他最著名的一部交响曲，完成于逝世前两个月，一般的评论都认为它"完整地体现了柴可夫斯基的美学观"，但在实际上，我以为这同所谓的美学观并无关系，而同柴可夫斯基最隐蔽的内心世界有关。全曲的旋律、调性、和声所呈现的，是他当时实际内心的极度矛盾、挣扎、痛苦、隐晦等文字无法表达的最深层面的心灵状态，以及他现实中痛苦复杂的处境，即使标题"悲怆"一词，也只是一个抽象的名词而已。曾与木心谈及过日本文学批评家厨川白村所著《苦闷的象征》一书，尤其是其中关于艺术家隐蔽心理的潜意识作用，木心特别钟情柴可夫斯基的音乐，不是无缘无故的。

木心说："我画山，不过是以山的名义，其实我是在画自己。"

木心还说："画出的画寄托了我的悲伤，茫茫的一片旷野，上面有一棵树，这棵树就是我。"

木心同金石谈论柴可夫斯基的第一钢琴协奏曲，尤其是第三乐章的快板那段。作为钢琴演奏家，金石的分析从技术层面来说，完美至极，但木心却以诗人的感受来回答："我只觉得柴可夫斯基敲击的不是琴键，而是坚硬的石头，想拼命地将它敲碎，想敲出里面的硬核，想同它搏击，想看看命运里面究竟藏着什么。"

<h2 style="text-align:center">四</h2>

"问题在于：他如何习得转印画？谁启示了他？七十年代末连革命画印刷品也很有限，参考资料少得可怜。我们须得想象：他是在拉上窗帘的暗室中，自己琢磨了这种方法，而且狂喜——木心是个迷恋手工（而非'手绘'）的人，木心在种种孤独的秘密游戏中，时有小小'发明'。"我很赞同陈丹青用"孤独的秘密游戏"来形容木心对于转印画的投入和探索。

《绘画的异端》里提出了一个很有意思的问题，为什么木心两组转印画间隔二十多年？他认为："可能的理由是：出国须得卖画谋生。林风眠式的纸本彩墨，品相好看，木心抵美初年的年尾，纽约老藏家王季迁收了他的彩墨画，并请他住在曼哈顿林肯中心一带的高级寓所，后因王季迁要木心展示作画方式，未获应允，1983年夏，木心迁出林肯中心，移居皇后区琼美卡区。"

陈丹青与木心初交，立即将转印画介绍给陈丹青当时的画廊老板。老板惊异，打算办展待售，终因画面过于深邃幽密，不易为中产阶级买家所识，放弃了。同年稍早，旅法画家陈英德夫妇力劝木心恢复写作，很快，他陆续投稿纽约几份华文报，稿费虽不富厚，但谋生切迫。此后十余年，除了在艺术学院弄石版画，木心全时转向写作，成了日后为外界所知的文学家。

木心一生中都处在自我救赎之中，对于他来说，写作和绘画是两条平行不悖的救赎之路，凭着木心的智慧，在现实中会作出理性的选择，审时度势，不会偏执于某一个方向。

木心曾为自己的画展拟定了"塔中之塔"这一标题。木心对"塔中之塔"有他的诠释："前一个塔是指伦敦塔，处境的类比，后一个塔是指象牙塔，性质的反讽，那末全句就是：'伦敦塔中的象牙塔。'中国自'五四'以来，文艺论战，那'十字街头'的一派，惯用'象牙之塔'这个词诋斥对立的那一派，我与两派概无关系，只不过说：在被囚于伦敦塔中时我雕了座象牙塔。"

以关押囚徒的"伦敦塔"典故暗喻自己的经历，以"象牙塔"明示自外于社会喧嚣的画路，这就是木心。身陷绝望岁月，这批小画与手稿是他的赎救之道，也是他唯一的愉悦。"赎救之道与唯一的愉悦"正是"孤独的秘密游戏"最好的注释。

五

在《郭莱德："西方眼光"下的水墨收藏》一文中，《东方早报》的艺术评论记者在采访这位收藏家时，曾问道：1998

年，你在纽约同一家画廊里购入木心五幅作品，是什么打动了你？郭莱德回答道："对于木心来说，这些都是非常重要的作品，是在1979年，他去美国之前完成的，有两件作品是他在监狱中完成的，那时他找不到适当的纸，所以，作品的尺寸都非常小。"

"木心和林风眠、吴冠中、徐悲鸿不一样，木心从非常年轻时开始就有一种西方思维，而此时他并没有离开过中国，他和那三位的距离非常之远，他很早就脱离出传统的中国思维，与之相隔离，但又是从中国传统中诞生，所以他非常独特。你看着这些，你不会知道它们是中国人画的还是外国人画的。"

如今人们评论木心的画，大多着重形式或技巧，当年的朋友看过木心的画，也都表达了各自不同的感受，即使在技巧上，也还是大概的视觉感受居多，没有更多的创作细节，也没有亲自动手实践。所以关键之处，总是没有到位。我曾见过木心作画时的情景，也听他流露过片言只语。关于木心的画，出于我个人对木心一定程度的接触和亲历，有几个要点，很想剖析一下，也许有助于人们对木心的画的理解。

首先，为什么木心那些被巫鸿称为"传世"下来的主要作品，尤其是那些被耶鲁收藏的作品，题材对象一律是自然山水？实际上，我个人以为这是水墨拓印出来的必然效果，而不是刻意选择山水作为创作的题材。这一点，只有认真运用过这样的实践，才能得出这样的效果。

至于为什么木心的水墨画"无论横向还是纵向，木心取的都是远景"，如某些评论家所说："站得高，才能看得远。木心的视点极高，他的视角，多是俯视，他不是站在地上，而是在空中观看风景的。纵向风景，又是高山大川，通常都是要仰视的。但木心画高山大川，也以俯视为主。这是一种超然的、世外高人的眼光，这种眼光中的山水景物，并非现实之物，而是心造之境。"

这样的描述，虽然是对木心作品和人格的欣赏与赞誉，但在实际上，这也是水墨拓印出来的必然效果，也是他从偶然的启发和观察中得到的实际效果，再经过大量的成功与失败的实践中，摸索了属于他个人独特风格的技术效果，而不是事先就刻意地俯视高山大川，制作之前，也不是"俯视为主"，不可能在制作的时候就俯视高山大川。高山大川是他倾慕的意境，无论在文章中还是在访谈中，木心毫不掩饰对中国山水和中国水墨的喜爱。

为什么从技法上看，我们又很难称其为国画？

这一原因在于，木心的这些作品在制作方式上就同古代经典画家绝然不同，产生的意象更无相似之处。简言之，木心的独到之处，就在于他摒弃了一切传统意义上的临摹、仿作、复制、沿袭、重复。

木心的转印画在水墨制作上并没有什么秘密，可以轻易传授，要学也不很难，但却是教不会的。

传说七十年代末曾经有位台湾地区的画商想买木心的画，条件是须得传授作画的技巧和制作的方法。木心没有答应，于是作罢。但我今天细想下来，即使学了转印的技巧，若想创作出木心这样的作品，也是做不到的，除非具备木心独特的"灵魂的眼睛"。人们虽然"但我们想想，都会制作的，只是不如他"，但实际上没那么简单，再怎么想想，也只是想想而已。

　　其次，他在卡纸或铜版纸上偶尔制作出来的水墨肌理效果，即笔触和宣纸所无法产生的自然效果，这一点大家几乎虽都知道，有一道十分重要的程序，却被人们所忽略。因为木心很少单纯地使用笔墨，而是将中国传统与西方当代艺术中的多种绘制技巧融为一体，以创造出他想象中的风景，而这风景是他精神的唯一安顿。

　　开始作画时，所取的纸张篇幅都很大，常是最后成品的数倍，"转印"时水墨布满全幅，然后仔细看其效果，但是整张的卡纸在这样的制作方式下，是不可能全部达到理想的效果，有时全部作废，毫无可取之处。

　　若有时觉得大体效果尚可，但整体上却不成作品，于是便用眼睛仔细搜查，反复观察，寻觅局部效果，这就全凭眼力来"捕捉"或"搜索"。我总说木心是用眼睛来画画，指的不是他同一般画家那样，直接用眼睛来判断自己画出来的效果，而是用眼睛"拣"出画来。

　　一旦在部分局部中看出心目中理想的效果，反复斟酌之后，就细心地裁剪下来，尺寸先大后小，然后再做判断，将这个局部当作整体来观察，所有在构图、肌理、视觉上不符理想，不合整体效果的纸面部分，一概断然舍去，百般"拣选"之后，果断确定下来，整齐地裁割，自称一体。

部分作品若没有达到最理想的效果，最后会再审时度势，用独特的眼光画龙点睛，添加几笔，形成了传统中国画上前所未有的独特图画。但是无论如何，大部分肌理效果却依然保存，并不舍去，这就形成了既具有传统山水画的意境，又具有所有传统水墨所不具备的独特的肌理效果的原因。

这是一个由偶然到必然的过程，也是偶然同必然结合一体的结晶。这就回答了为什么许多专家在研究木心的画时，认为他的画风介于具象和抽象之间？而许多作品甚至是纯抽象，没有具象的依托。

如今看到的木心那批画，之所以很小，有一个鲜为人知的因素。我们看到他作品的成品，同各种绘画尤其是山水画不同的是，一般来说，常人都是先依固定的纸张篇幅，有一定的尺寸和规格，笔墨运用的时候往往先胸有成竹，自始至终就这个尺寸，很少变化，但木心当初并非如此。我们今天看到的木心这些作品，都没有统一的规格尺寸，就是这个原因，几乎没有几幅的篇幅相同。经过这样的"捕捉"，"搜索"，"锤炼"，作品的篇幅尺寸也就自然会很小很小，有时长或宽度甚至只有近十厘米左右，偶尔有更大一些的。人们常理解这样小的篇幅是为了省钱，携带方便，怕人家发现等等，其实不完全是这个原因。

另外还有一个要点，纸张压上去的底板，一定要绝对的平，而且足够坚硬，这样才有压力，符合这一条件的，玻璃板当然最佳。

即使如此，在玻璃板上铺上了水墨，其实是不可能绝对均匀的，偶尔在某处会浓一点，或稀薄一点，某些地方会特别稀薄，个别浓厚一点，这样才会产生不同的肌理效果，还会产生一种特殊的空间感，显示出画面的远近、高低、疏密。

然而这一切，都是在制作之前所无法预料的，因此也是意识与无意识结合在一起共同产生的效果。这也是偶然性所产生的必然效果。

丹青在《绘画与异端》里谈论木心的转印画时，已经说得很透彻了："在木心的转印画中，林风眠，完全消失，连带消失的，恐怕还有'绘画'——'绘画'，很麻烦。不论国画还是油画、具象还是抽象、工细抑或'写意'，都是观察、构想、起稿、定稿、描绘、刻画……直到完成的全过程。转印画，大幅度省略了'绘事'，严格说，转印画不全是画出来的，而是作者审视满纸水渍的'机变'之道，临时起意、当场判断，演成一幅'画'。其间，当然要看技巧，或者说，一种难以查知、不易命名的手段，这手段，不是已知的繁复'绘事'。"

"凡画，均涉及'层次'（包括'纯抽象'），转印后的水渍本身即富层次；凡画（即便'纯抽象'），均指涉'形'与'象'

230

（色域、面积、肌理），水渍溢痕自行呈现无数可疑的、有时异常逼真的'形象'——树、石、山——如何调理湿漉漉的转印效果，考验想象力与控制力，转印画，是将水渍引向何处、止于何处的过程。于是乎潇洒。作者的手段、技法，微妙不察，近乎非人工。它易于上手，但要好局面，作者的器识与本领须得入于绘画之内，超乎绘画之外，借一句说滥的话：'功夫在画外'——'画外'的什么呢？借木心迷恋的说法，转印画'呈现艺术，退隐艺术家'。"当然，这离不开木心长期实践所积累起来的技巧。

最后我还得说，这么小的画，为什么那么长期以来所展出的数量极少，只有那么几幅面积极小的作品呢？这是因为木心这样独特的制作方式，成品率极低，也是为什么即使有人模仿，没有极度的耐心，仅仅大量的报废率也会令人望而却步。

实际上也有几位朋友思考和模仿木心的转印画，并想用同样的方式和技巧试着获得出奇制胜的效果。我不仅看到过木心当年认识的朋友陈巨洪和梅文涛的后来习作，连我自己当时也曾模仿过木心的画。看到自己保存下来的照片，深感惭愧。没有画外的功夫，没有长期实践所积累起来的技巧，没有"灵魂的眼睛"，外在的相似和模仿既无意义，也无价值。

据网络上看到，木心在去美之前，家里尚剩一千二百多幅画，送给了当年在上海工艺美术研究所结识的、所内木工间工作的朋友杨晓东。这位朋友曾在网上撰文说，他是借了所里的三轮车去木心家里装运回来。

我不想去考证这篇文章里的事实，尽管可以有这个途径，因为事实与否对我无关紧要。所能说的只是，以我对木心的了解，可能此说在数量上有些夸张。即使如此，那一千二百多幅画，基本上是木心在精心选择后删余的，临行之前无法处理，绝大部分准备送废品回收站。这一情况也就是以上所说的，大量裁剪下来的非成品，看似也都是木心的转印画。如果具备木心独到的眼光，从中再拣出一些小幅，裁剪成作品的画，这个可能性也不是绝对没有。

子曰："诗三百，一言以蔽之，曰：'思无邪。'"木心精于《诗经》，对于画的境界评价，深以为："现代画派，纷纷扬扬，不论抽象具象，选择其中真诚有度者，一言以蔽之：'思无邪。'"这也是他对自己作品的坦诚评价。

钟情于福楼拜的木心

在《文学回忆录》中，木心孜孜不倦地向学生们讲解和点评世界文学史的经典作品，但在另一方面，木心同时也在讲给自己听，回味自己前半生，尤其在上海时期阅读这些作品所获得的滋润和寄托，正如他在课上所说："很多现在的观点，都是那时形成的。"也就是说，丹青所记载下来的《文学回忆录》，同时也是木心自己个人对于文学的回忆录。如今我们读到的《文学回忆录》，不仅仅是记忆木心文学课上的演讲，同时也是木心对自身心灵的回顾。

的确，"很多现在的观点，都是那时形成的。"也是他在上海时期形成的，同时也是他与个别热衷文学的朋友言谈和交流的生动内容。那些他在纽约文学班上如数家珍的经典作品和人物，有很多都同上海的朋友兴致勃勃地聊过。这里先举法国著名作家福楼拜为例。

前面曾提到，他曾同画家王元鼎深夜各自阅读福楼拜的《包法利夫人》，次日相互背诵其中的篇幅，尤其是其中精美的警句。

在物资匮乏的年代里，相对其他艺术方式而言，文学阅读比较容易获得。木心那几位上海朋友，无论专心绘画或音乐，几乎无一不热衷文学艺术，大多都阅读过古典名著，所以彼此交流起来很投机。在文学方面，嗜书如癖的徐永年尤甚，同木心也交流最多，并多次与我同去木心那里。每在请教木心之后，就会聊起一些大家熟悉的西方名著，尤其是最喜欢的作品和作家。福楼拜和他的《包法利夫人》，无疑是其中之一。

在木心看来，《包法利夫人》最完美，《情感教育》博大精深。这不仅因为福楼拜是公认的世界文学中最讲究文法修辞的大师，还因为李键吾中文翻译得微妙和精湛。读外国古典名著，木心十分注重翻译家的造诣，他对翻译作品早就有过评价："不是他们的外文有多好，而是他们的中文有多好。"我同徐永年或唐燊去他家里闲聊时，他谈到欣赏某部作品，总不忘赞美那些翻译家的文学修养和功底。

木心在《文学回忆录》谈道："我接受福楼拜的艺术观、艺术方法，是在二十三岁。当时已厌倦罗曼·罗兰。一看福楼拜，心想：舅舅来了。我到莫干山时，读的是福楼拜、尼采，由挑夫挑上山。"的确，他也曾不止一次在我们面前提起年轻时阅读那些世界名著的喜悦和丰收，并引以自豪，令我们羡慕不已。凡是他钦佩的作家，总是以亲切的口气称他们为"舅舅"，包括巴尔扎克在内。木心喜欢上海人的那句谚语"三代不出舅家门"，谁的血缘和基因都离不开"舅舅"的传承，在他看来，文学和艺术的传承也如此。

回顾木心自己所写的那些精美短句，不难看出其中福楼拜的影子，正如木心所说："读福楼拜，要读进去，还要读出来。我读时，与福楼拜的年代相差一百年，要读出这一百年来；读《诗经》，相差三千年，也要读出来。"

的确，木心不仅读了进去，还读了出来，创作了属于他自身独特风格的诗句，为读者们所倾心和喜爱。福楼拜的《包法利夫人》中木心背得滚瓜烂熟的金句，得意之际就会偶尔透露几句。以下摘录一些，读者可以看到木心是如何"要读进去，还要读出来"：

她相信事物在不同的部分，老是一个面目，活过的一部分既然坏，没有活过的部分当然会好很多。

她很快乐，而且装模作样，要人相信自己快乐。

爱情对她来说，应该突然而来，光彩夺目，好像从天而降的暴风雨，横扫人生震撼人心，像狂风扫落叶一般，把人的意志连根拔起，把心灵投入万丈深渊。

于是太阳西沉，永远愁上加愁，她又向往明天。

钟情于福楼拜的木心

235

可是狂风一直吹，热情烧成灰烬。没有人救，也不见太阳出来，黑漆漆的夜晚，四面八方，重锁密云，她觉得自己无路可走，寒气逼人，彻骨发冷。

日复一日，就像没有断头的线，永远一模一样，数又数不清。

怎么！难道你不知道，有的人没有一刻不深陷在苦恼之中。他们一时需要梦想，一时需要行动，一时需要最纯洁的热情，一时需要最疯狂的欢乐，人间就是在熙熙攘攘的社会里过着百般荒唐、怪诞的生活。

如果黑板是浩淼的大海，那么，老师便是海上的水手。铃声响起那刻，你用教鞭作桨，划动那船只般泊在港口的课本。课桌上，那难题堆放，犹如暗礁一样布列，你手势生动如一只飞翔的鸟，在讲台上挥一条优美弧线——船只穿过……天空飘不来一片云，犹如你亮堂堂的心，一派高远。

希望源于失望，奋起始于忧患，正如一位诗人所说：有饥饿感受的人一定消化好，有紧迫感受的人一定效率高，有危机感受的人一定进步快。

别在树下徘徊，别在雨中沉思，别在黑暗中落泪。向前看，不要回头，只要你勇于面对抬起头来，就会发现，分数的阴霾不过是短暂的雨季。向前看，还有一片明亮的天，不会使人感到彷徨。

柔和的阳光斜挂在苍松翠柏不凋的枝叶上，显得那么安静肃穆，绿色的草坪和白色的水泥道貌岸然上，脚步是那么轻起轻落，大家的心中却是那么的激动与思绪波涌。

正如木心日后所说："把警句写在案头床边，俗。但我年青时曾将福楼拜的话写在墙壁上：艺术广大已极，足可占有一个人。"

木心还叙述道："1950 年，我二十三岁，正式投到福楼拜门下。之前，读过他全部的小说，还不够自称为他的学生——被称为老师不容易，能称为学生也不容易啊——小说家的困难，是他的思想言论不能在小说里表现出来的。我同福楼拜的接触，直到读他的书信——李健吾写过《福楼拜评传》，谢谢他，他引了很多资料——才切身感受到福楼拜的教育。我对老师很虔诚，不像你们对我嘻嘻哈哈。"

木心钟情于福楼拜，并非偶然，不仅因为"福楼拜是个道德力量特别强、又特别隐晦的人物。《包法利夫人》在我看来是道德力量非常强的小说，但在当时，几乎被判为伤风败俗的大淫书。""我当年的枕边书是《红楼梦》。"

米兰·昆德拉有一句流传很广的名言，大意是，直到福楼拜的出现，小说才终于赶上了诗歌。

理解了米兰·昆德拉这句话，也能大致理解了木心，理解

钟情于福楼拜的木心

了为什么木心的诗句超越他自己的小说。

木心谈到福楼拜的时候，不仅欣赏他的小说本身，毫不夸张地认为他足可与巴尔扎克、司汤达尔相提并论。木心曾引用福楼拜在小说中有过的这样一段描述："我们敲打语言的破铁锅，试图用它来感动天上的星星，其结果只能使狗熊跳舞。"这种对文字，尤其是诗般的语体所具有的特殊的敏感，若没有倾心的投入和理解，很难在创作上达到出神入化的意境。

在《即兴判断》中，木心曾对福楼拜的《圣安东的诱惑》结合自身的感受，作过一段较长的评论。《圣安东的诱惑》是福楼拜的小说代表作，1849 年初稿，1856 年次稿，1872 年三稿，1874 年全文定稿正式出版，跨越二十五年。

我读木心的《文学回忆录》，感觉总与许多读者不一样，我曾对丹青说过："《文学回忆录》哪里是讲给你们听？大多时候讲的是他自己，是讲给自己听的。"虽然我同丹青聊起木心，比较随意，他也不计较我说得是否准确，但我个人的感觉常是这样。例如，以下是对福楼拜《圣安东的诱惑》所发的感言：

> 艺术家的声誉之起，有的是走运，有的是成功。
> 成功者少数，而多数是走运者。
> 走运者会脱运，一脱运，就湮没了。运亦长短不等，长的运，看起来是永存的样子，其实是看的人自己年命短，不及见走运者的脱运。

即便是成功者，作品也将以能量的多寡而决定它们的存在期，有历千年犹俊杰者，有维持百年遂趋晦黯者，有因时尚而褒而贬，贬而复褒者，有始终薄明欲绝不绝者——人们把这些连起来，叫做"美术史"。（好像美术自己会做成历史似的，真是便宜了多少美术史家呵）

每个时代（时代是划不清的，哪有头尾分明的时代），每个时代的社会各处，皆为走运者的艺术所充满。

大众所赖以认知的便是这种走运者的艺术，因为，哦，艺术家的"运"，的种种"运"，是由大众构成的，没有这样大的大众，何走运之有？成功者呢，既为大众所无视，为何竟能肯定哪些艺术是成功的？而且差不多没有错，几乎还都是对了的？

大众以为被少数精明人肯定的艺术与自己喜欢的艺术是一样的东西，他们全然不知自己喜欢的是不成功却走了运的东西，相比之下，他们更喜欢他们喜欢的了，于是，那不成功而走了运的艺术就大走其运了。（《即兴判断》）

艺术家一定要承当一些牺牲。你们承当过多少？你们还愿意承当多少？清不清楚还要牺牲点什么？

不值得牺牲的，那叫浪费。

福楼拜不结婚。他对情人说：你爱我，我的构成只有几项观念。你爱那些观念吗？

艺术家的牺牲，完全自愿。

如果你以艺术决定一生，你就不能像普通人那样生活了。(《文学回忆录》)

理解了真实的木心，才能真正理解木心最后的那句话："如果你以艺术决定一生，你就不能像普通人那样生活了。"

木心这句虽然是对学生们的期盼，也是他自己一生为艺术献身的践行和概括。

至于木心引用福楼拜的那句"呈现艺术，退隐艺术家"，已成为贯穿他一生写作的座右铭。

木心的"窄门"和"地粮"

一

纪德在 1927 年版《地粮》原序中，有一段发人深省的话，用来解读木心，很有启示："这本求超越、求解脱的书，人却每把我锁在其中。我趁这次重版的机会，为新的读者们写下几点感想，并对这书写作的始末作一更率直的供认，借以稍释它已往的重负。"

理解木心，不可不读纪德。

木心饱读群书，无论古今中外，尽收眼底，这就不必我来说了。有几位作家和他们的作品，木心特别钟爱。唐泰和永年也都爱读书，尤其是永年，嗜书成癖，只要打听到谁那里有好书，必登门拜访，求得一读。若我刚有新书，就怕他上门见到。虽然他有借必还，但至少得让我自己先看完吧。

同木心熟了，我会同个别朋友直接到他的居处看望，聊得最多的还是读过的好书，尤其是那些比较冷僻的旧书。有天聊到了纪德，正合木心所好。出于种种原因，纪德在中国销声匿迹数十年，这是一个断层，但对木心而言，似乎始终没有离开。因为对文字特别讲究，木心对翻译的版本也讲究，纪德的《地粮》由盛澄华先生翻译，1945年初版，是木心最爱之一，另一是卞之琳译的《窄门》，1947年初版，也是大家手笔。丽尼翻译的《田园交响曲》，为木心赞不绝口，不仅因为这是纪德的作品，还因丽尼翻译的文笔确实优美至极，没有诗人柔美的心绝对达不到那种文字的意境。我对丽尼翻译的其他小说，也都极其心爱。当时，七十年代后期，这些书都早已绝版，新的版本尚没出现，大家都是凭着六十年代所读的记忆。

我们几个都住在虹口区，而虹口区在旧时向来就是上海文化人较为集中的地带。四川北路那里有一家旧书店，有许多三四十年代出的书籍版本，是我们常去浏览的胜地。穷的时候，可以将从那里买来的旧书看完后再卖给他们，然后再买别的好书。那时海宁路乍浦路角上有一家专门租书的店，门庭若市，书的封面都由牛皮纸包起，以免周转损坏。里面总能找到想看的好书，且都是文史哲之类的精品，尤其是欧美的经典小说。说到这些，大家都津津有味。

当时我读过的纪德作品没木心他们多，惭愧地向木心承认只读过《窄门》和《田园交响曲》这两部。

木心听我说没读过《地粮》，认真地说："你很幸运，还有很大的享受等待着你。"

　　也正因木心这么说，此后我就寻到纪德的《地粮》来细读。坦率地说，那时我真的没有完全读懂纪德，但木心这么说了，必定要去读。后来也终于读到了。

　　木心说道："安德烈·纪德的书，我推荐给大家，很好读的。良师益友。他继承了尼采、陀思妥耶夫斯基，是个中间人。我现在还记得纪德的好处。当时我在罗曼·罗兰家里转不出来，听到窗口有人敲，是纪德，说：'Come on，come on！'把我带出去了，我永远心怀感激。"

　　他还说："人应该时时怀有一种死的恳切。"（原话记不真切了，我是惯用自以为达意的方式重述）这句话，你们能体会吗？

　　木心曾经所读所爱的《地粮》，由盛澄华先生翻译，具有难以超越的权威性，而这《地粮》自二十世纪四十年代末以来一度从未再版，属于稀缺珍本。有位木心先生的读者曾记下这么一段轶事："记得初次见到木心先生，请教他，该看些什么书？老人提笔在纸上写下：'《地粮》，纪德著，盛澄华译。'老人到底'懂经'，不仅挑作者，还挑译者。当我后来在孔夫子旧书网上拍下此书，翻到版权页，赫然标着'民国三十四年初版'。距今已有六十余年没有重印了。几经离乱，木心老人的藏书早已灰飞烟灭，但他还惦记着这蒙尘已久的译者。"

木心的"窄门"和"地粮"

木心将纪德视作自己"一生之友"。他曾说:"能在我的文章中看到纪德的身影,真是高明。我曾苦学法文,就为了想去巴黎晋访纪德,后来噩耗骤至,我大哭一场,此心绝矣,而漂流各地,总是带着《地粮》,此番归国,亦不忘将此书纳入行囊。"

如果只让木心挑选哪一位作家的书,我想也许就是纪德了。有趣的是,在《文学回忆录》中,木心却没有单独讲述纪德。在我看来,木心是不忍心过多地尤其是在众人面前讲纪德,那是他心中秘藏的珍贵,好比不想公开自己暗中的情人。

木心在回答《南方人物周刊》的采访中还说道:"我与他(纪德)有过争吵,那是情人间的勃谿,过后就和好如初,一日之友,一世之友也。"木心坦然地如此回答。

《文学回忆录》中木心还提道:"纪德说:'担当人性中最大的可能。'五十年来,我的体会:人性中最大的可能,是艺术。看看种种可能,想象自己的'可能',就这样过了春夏秋冬,一个闲不住的闲人。"

木心之所以对纪德情有独钟,有着他心理深层的原因:"纪德解释那耳喀索斯,解释得好。大意是,那耳喀索斯是人的自我,在时间的泉水里发现了映影,这映影,便是艺术,是超自我的自我。艺术不能完成真实,不能实际占有,只可保持距离,两相观照;你要沾惹它,它便消失了,你静着不动,它又显现。"

的确,纪德无疑是木心所爱的作家之最,仿佛在纪德那里看到自己的身影。而纪德对希腊神话中的那耳喀索斯的解读，对于木心来说，具有纪德所启示的意义。纪德一生创作了大量主题、风格和体裁多样的作品，但贯穿他一生创作的主线，以及他的文学创作的终极追求，就是"那耳喀索斯"情结的自我追寻、自我幻象的执迷、自我倒影的探求、自我生命意义的双重性、那耳喀索斯的符号意义。

书写自我、追寻自我，是纪德创作的一种独特方式。纪德的一生似乎都在与自己对话。对于木心来说，同样如此。纪德的每部作品，从三部曲《背德者》《窄门》《田园交响曲》到《梵蒂冈地窖》《伪币制造者》，以及他的自传《如果种子不死》，概莫能外。

返观木心的作品，无论是他的画，他的诗，他的散文，他的各种文字，甚至包括实际上也同自己对话的《文学回忆录》，无不透射出木心同纪德相似之处。我们可以在木心的文字中见到那耳喀索斯的情结。文字对于木心来说，书写自我、追寻自我，一方面是自我的救赎，既有精神上的意义，又有现实上的意义。正是木心对那耳喀索斯这份自恋的深悟，支撑了他孤独至极的一生。因为热爱生命，热爱自我，才会如此自恋，才会投影于水中的文字和绘画，隐于自我高墙的背后。

记得我有次笑着对丹青说："木心的《文学回忆录》其实讲的都是他自己。"

六十年代那时，我曾疯狂地阅读欧美的经典小说，同时还

纪德

很恶劣，经常在买来、借来甚至上海图书馆里阅读的书里，将扉页上作者的黑白肖像偷偷地撕下来"收藏"欣赏，几乎囊括了当时国内出版的西方名著。其中，包括了纪德。

令我惊奇的是，木心不仅深爱纪德的作品，暂不论许多诗篇或散文的风格，甚至还包括纪德本人的形象和风度，两者也相近。不管是否有人赞同，至少在我个人看来如此，那是实在因为爱到骨髓，视为自己。凡是对木心照片中的形象熟悉的人们，看到纪德这幅的照片，不知是否还会怀疑我的看法。

哲学家萨特在评价纪德的时候说道："他为我们活过的一生。我们只要读他的作品便能再活一次。"

木心说："能在我的文章中看到纪德的身影，真是高明。"

木心对我说的那句："你很幸运，还有很大的享受等待着你。"他指的就是纪德的《地粮》。我此后读了《地粮》，欣赏了其中无数的精美的诗般的句子。但当时只是感受纪德，并没体会到木心那句话的真正含义。直到木心的诗选和散文集出版，读之，才想起了木心的这句话。这岂是人生中"还有很大的享受"？

不仅是我，相信很多读者欣赏木心诗选和散文里的金言妙语，对照一下纪德的《地粮》，就能真正体会到木心何以如此深爱纪德。木心不仅将自己融化在纪德的身影之中，更是写出了真正的自我，一位退隐在文字背后深藏不露的自我。

以下，摘录一些纪德在《地粮》中的文句。也许你也能在其中看到木心的身影——

　　你永远不会明白，为了对生活产生兴趣，我们付出了多大的努力。

　　抛开所谓的优越感吧，那是精神最大的绊脚石。

　　情感的迟钝似乎来自我复杂的思想和犹疑不定的意志。

　　真正重要的是你的目光，而不是你眼前所见到的事物。

　　欲求的对象终不过是虚妄。

　　纳桑奈尔，我已经为太多美妙的事物耗尽了自己的爱。正是我熊熊燃烧的欲望让它们焕发出如此夺目的光彩。

　　你热切的激情难以自持，慢慢冷却成了忧伤。

　　忧郁，无非是爱而不得的热情。

所有生灵都可以赤身裸体，所有情绪都可以沸反盈天。

我的感情蔓延开来，仿佛一种宗教。你能够理解么：每一种感觉都成了无限大的存在。

我静静地睡着，仿佛虫蛹一般；我任由新的生命在我身上悄然成形，那将是新生的我，与现在的我大相径庭。

或许在痛苦到极点之后就能享受到快感吧。于是我便在肉体的精疲力竭中寻求精神的解脱。

你应该将夜晚看作是白昼消亡的时刻，而将清晨看作是万物生长的时刻。

智者，就是对一切事物都感到新奇的人。

活着时最微不足道的瞬间也远远强过死亡，活着本身就是对死亡的否定。死亡就是在给别的生命让路，让天地万物不断轮回更新；死亡为所有生命限定了时间，决不让其超过应有的限度。当你的话语在世间回荡，那便是幸福的时刻。其他时候，就静静倾听吧。不过，只要开口说话，就不要再听他人的声音。

我知道我的每一种欲望，都有虎视眈眈的对象，每一次饥饿感都等待着它应有的报偿。

纳桑奈尔，永远不要在未来寻找过去的影子。每时每刻都是全新的，把握住每个瞬间吧，不要为快乐事先准备什么。你要知道，就算你准备了，最后出现的也只会是意料之外的另一种乐趣。

对明天的憧憬是快乐的，但在第二天获得的快乐又是另一码事。幸运的是，事情从来都不是人们梦想的那副模样；正是因为不同，才能体现出每种事物各自的价值。

万物皆有时，所有事物都是应运而生的。换句话说，都是应某种外化的需要而生。

如果一个人在认为自己是幸福的同时还有思考的能力，那才称得上是真正的强者。

关于表象的永恒概念啊，倘若你明白在等待死亡迫近的时候，当下的瞬间会有多么珍贵，那该有多好啊！

灵魂啊！不要执着于任何一种想法。让所有的想法都随风而去吧。上天堂的时候，任何一种想法你都带不走。

选择不是优中选精，而是放弃没有选中的一切。

时间只有一个维度，而不像我所期望的那样是一片广袤的空间。时间只是一条线，我的种种欲望在这一条线上奔腾，难免彼此冲撞。

当然，我也同样深爱
灵魂深处的致命震颤
心灵的快乐，精神的快乐
但是今夜，我只为快感放歌
肉体的快乐，像草地一样温存
像树篱上的鲜花一样令人难以抗拒
像原野上的牧草，在顷刻间萎谢或被收割
像绣线菊哀婉的花朵，轻轻一碰便颓然溃散

木心的"窄门"和"地粮"

不要试图追求更完美的占有
我能感受到的最甜美的快乐
就是已经得到满足的欲望。

食粮啊，食粮！我的饥饿感越强，你就越是丰盛。

沐于晨曦，如彼朝阳
沐于夜露，如彼朗月
沐于甘泉，清波奔流
洁身净体，解我烦忧

睡眠啊！唉，真希望我们不要再被突然袭来的欲望唤醒，又被欲望驱使着奔向生活。

窗户啊，不知道有多少次，我来到你面前，额头贴在窗玻璃上，想让自己清凉一下；不知道有多少次，我从令我焦灼的床榻上起身，跑到阳台上；当我静静仰望无垠的天空时，我的欲望便像轻雾一样消散得无影无踪。

我真想永无止境地睡下去，在潮湿的泥土中一直睡下去，好像自己是一株植物。

总有些古怪的病症，让人偏偏想得到自己没有的东西。

纳桑奈尔，永远别指望回头能品尝到昨日的甘露。

……

纪德在《地粮》序言中说道："我写这书，正当文学在极度的造作与窒息的气氛中；而我认为亟须使它重返大地，用赤裸的脚自然地印在土上。"读到这里，不得不感受到木心也正如此。

木心的"那耳喀索斯"自恋情结

木心在解读纪德的时候曾说:"纪德解释那耳喀索斯,解释得好。"其实木心自己对纪德的解读,也极其精到。木心与纪德如此相似相近,其中的共同纽带就是"那耳喀索斯"。

无论是记忆木心,还是理解木心,探索木心,都会遇上一些复杂的难解之结。木心的"那耳喀索斯"情结,就是其中之一。

木心是生活在现代的古希腊人,始终如古希腊人一般,将美放在第一位。

在古希腊神话中,有一个叫作那耳喀索斯的美少年,俊美无比,众神女都爱慕他,希望得到他的关注,偏偏他却对任何神女都毫不动心。

有一天,那耳喀索斯在水中发现了自己的倒影,却不知道那就是他本人。他觉得水中的人儿是那么美丽:一双明亮的慧眼，有如太阳神阿波罗那样的卷发，红润的双颊，象牙似的颈项，微微开启的不大不小的朱唇，妩媚的面容，真如出水的芙蓉一般。他惊为天人，顿时心生爱慕，爱上了自己的倒影难以自拔。他茶饭不思，日夜在水边守着自己的影子，一天又一天，终于倒下在水边，永远地睡去了。

那耳喀索斯死后化身为了水仙花。历来的心理学家们把这种自爱称为自恋症（Narcissis），文字上与水仙花几近相同（Narcissus）。自恋的概念就来源于这个故事。

这个神话故事的隐喻，也体现在木心整体的文字之中。

木心的自恋，也是众多关于木心的议题之一。

其实，木心自己也从来没有回避关于自恋的话题。如果你当面问木心有无自恋的情结，相信他不会断然否定。或者说，为什么要否定呢？

他的一生，大多处于逆境之中，茕茕孑立，踽踽独行。困兽犹斗，何况人乎？

木心外柔内刚。既能像水一样适应环境，忍辱负重，乱世中得以自葆，又能像勇士一样坚贞倔强，孩童般纯净自如，不泯本性。

尤其当一个人长期处于孤独的围困，并曾被数度关禁的极端处境中，无论在精神和肉体上，会产生一种同自身特别的亲和力，建立起对自己高度的关注，以抵制外在的伤害，没有如此的经历和体验，是难以领会这种同自身特别的亲和力。

256

这样的人，如何让他不自恋？

精神分析学的创始者弗洛伊德曾经对自恋做过深入的研究，并判断说："自恋是对自我保护本能的自我中心（egoism）的补充，可以作为适于所有生物体的标志。""个体的自恋将自身展示给这种新的理想自我，理想自我像早期自我（infantile ego）一样，发现自己占有有价值的所有成就。"

事实上，每个人心里都住着一个那耳喀索斯（或者说每个人的生命都是完美的），但并非每人都敢于承认，或每人都能意识到。从心理学的角度来看，自恋基本上定义为：一个人通过对自我和情感等调控方式来保持一个相对正面的形象的能力，是一个人对于认同和肯定的需求，以及从社交环境中寻求自我肯定的动力的基础。

拥有自恋型人格的人，通常都有很强的自尊（self-esteem），对自己的独特性（uniqueness）有奇高的要求，同时也是自卑自弃者的解毒剂。

纵观木心一生的上海时期，极度自尊的木心，因被外在世界的残忍所极度地碾压和摧残，心灵的创伤中烙有难以化解的自卑，自恋便成一道心灵的自我护卫。

木心说："人为什么要认识自己呢？一，改善完美自己；二，靠自己映见宇宙；三，知道自己在世界上是孤独的，要找伴侣，找不到，唯一可靠的，还是自己。"

如今"自恋"似乎成了贬义词，那是因为自恋分有层次。

世俗的低层次的自恋，不值得这里所提。

木心不只一处地谈论自恋：

我觉得艺术、哲学、宗教，都是人类的自恋，都在适当保持距离时，才有美的可能、真的可能、善的可能。我的意见是，将宗教作宗教来信，就迷惑来；讲哲学做哲学来研究，就学究了；讲艺术作艺术来玩弄，就玩世不恭了。原因，就在于太直接，是人的自我强求，正像那耳喀索斯要亲吻水中的影。而那耳喀索斯是智者，一次两次失败后，不再侵犯自我，满足于距离，纯乎求观照，一直到生命的最后。

整个希腊文化，可以概括为"人的发现"；全部希腊神话，可以概括为"人的倒影"。妙在倒影比本体更大、更强，而且不在水里，却在天上，在奥斯匹林山上。

整个人类文化就是自恋，自恋文化是人类文化。人类爱自己，想要了解自己。人类爱照镜子，舍不得离开自己。动物对镜子不感兴趣，只有人感兴趣。

那耳喀索斯的神话，象征艺术与人生的距离。现实主义取消距离，水即乱。这是人生与艺术的宿命。艺术家只要能把握距离到正好，就成功，不分主义。

木心确是罕见的那耳喀索斯型的人物，一切以自造的影像，自给自足，但他太过智慧，唯美，时时不能满意自己，故自我周旋不已……

与此同时，文字又是木心的镜子，犹如那耳喀索斯面对的水面，照看自己，爱恋自我。

正如木心所言："那耳喀索斯是智者，一次两次失败后，不再侵犯自我，满足于距离，纯乎求观照，一直到生命的最后。"这句话极为木心。木心同样也是这样的智者。

"生活要保持最低程度的潇洒，不要像王尔德那样弄到老脸丢尽，客死旅馆。"

"老子自恋，是老牌那耳喀索斯，但不以泉水照自己，而是以全宇宙观照。"

有位研究木心的学者认为："木心没有刻骨铭心地爱过谁，哪怕爱过猫狗也是回事。爱，有时需要不怕受骗不怕受伤不怕赴汤蹈火的勇敢。爱的缺失会影响到文字的真实程度。木心的文字通常会让少不更事的文学青年如痴如醉，但很难让饱经风霜者若有所悟。至于那些个装痴装醉的附庸风雅，不在谈论范围之内。"

我觉得这句话只说对了一半，也就是说，的确，在木心的生平，以及他的文字中，没人见过他曾经明确地刻骨铭心地爱过谁。至于"哪怕爱过猫狗也是回事"，这只是对现实中的木心不了解而已。人性的一大误区，在于用自己的眼界来衡量他人的世界。

其实木心在家里养过猫，娇小黝黑，十分疼爱，我曾亲眼见过。有一次他带着小翁到徐永年、周捷夫妇家做客，随身小心翼翼地捧着一个纸盒，交给周捷。打开一看，里面有只可爱的黑色的小猫。木心温柔地抚弄小猫，对周捷嘱咐道："我有许多事，一时实在没精力再照顾它，也不舍得它，你们家我比较放心，今后就请你好好照顾它。"

有一次，木心的好友、木心作品的英文翻译者童明教授与木心在深夜畅谈文学时，窗外突然传来奇怪的鸟叫声，似乎对他们的谈话产生了共鸣。普通人或会对此不以为然，而敏感的木心却将其诉诸神秘主义，"或许我们的讲话打动了神秘的力量。"木心对突然出现的不知名的生灵尚且有如此敬畏和共情的态度，他对爱与艺术的追求，实际上也是有类似情态。

至于另一半，我想补充的是：首先，爱的定义究竟是什么？有无统一的评判标准？是否能用这个定义来衡量木心有无刻骨铭心地爱过谁？

如果有，那么说对了，用一个普遍的定义和标准来观察木心，木心确实没有具体地刻骨铭心地爱过谁，即使有，至少无人知道是谁。但是当我们读到木心关于爱的诗句和文字，不得不意识到一个人若没有经历过刻骨铭心的爱，是无法对爱有如此彻骨的理解。

木心曾说过："我像寻索仇人一样地寻找我的友人。这可以概括我一生的行为。你们见过这样强烈的句子吗？说起来，是文字功夫，十五个字，其实不过是有爱有恨，从小有，现在有，爱到底，恨到底。"这是木心最为坦诚的知心话，也是对他自己一生中的爱最为极简的概括。

爱情，亦三种境界耳。少年出乎好奇，青年在于审美，中年归向求知。老之将至，义无反顾。倘若俗缘未尽，宜作爱情之形上研究，如古希腊然。

圣洁的心　任何回忆都显得是纵欲

知与爱永成正比　这是意大利产的好公式

爱情如雪　新雪丰美　残雪无奈

性无能事小　爱无能事大

爱情本来就没有多大涵义，全靠智慧和道德生化出伟美的景观。如果因爱情而丧失智慧和道德，即可判断：这不是爱情，是性欲，性欲的恣睢。凡是因爱情而丧失智慧和道德的人，总说："请看，为了爱情，我不惜抛弃了智慧和道德。"

写不出情诗是日日相伴夜夜共眠的缘故——文学家与世界切忌如此而每每如此。

滥情非多情，亦非薄情，滥情是无情，以滥充情

轻浮，随遇而爱，谓之滥情。多方向，无主次地泛恋，谓之滥情。言过其实，炫耀伎俩，谓之滥情。没条件地痴心忠于某一人，亦谓之滥情。

初恋多半是面向对象的自恋

使爱情的舞台上五光十色烟尘陡乱的，那是种种畸恋，二流三流角色。一流的情人永远不必殉陨，永远不会失恋，因为"我爱你，与你何涉"。

容易钟情的人　是无酒量的贪杯者。

如果爱，能一直爱，看来真像是用情深，深至

痴——是爱得恰到浅处的缘故，浅到快要不是爱的那种程度，故能持之以恒。

爱情，人性的无数可能中的一小种可能。

研究和编纂木心著作的知名学者童明曾指出："木心本人有爱有恨，但他的'他人原则'以人性中爱的能力为主，意味着'我'融入更广泛的人性经历的可能。"

木心在《知与爱》中说：

我愿他人活在我身上
我愿自己活在他人身上
这是"知"

我曾经活在他人身上
他人曾经活在我身上
这是"爱"

雷奥纳多说
知得愈多，爱得愈多
爱得愈多，知得愈多
知与爱永成正比

木心的"那耳喀索斯"自恋情结

在现实生活的交往中，木心从不同朋友言爱，从不涉及此类的话题，秉承"一出口便俗"，如今我们只能从以上的片言只语中寻觅到木心对于爱的彻悟。

世上并无一成不变的、普遍的关于爱的定义和标准。换言之，每个人都有自己对于爱的理解和独特的方式，包括自恋。谁也无法否认，爱自己同样是爱。如木心自述："爱是一种天才行为，是一门学说通悟，渔夫、村姑、王子、公主，是天才就是天才，谙学说就谙学说，有此禀赋，便能成全彼，成全此，亦即成全了爱。平常所絮聒的'爱'，至多最是仿效揣摩'爱'的天才行为学说经典，其仿效十分拙劣，其揣摩百般曲解，凭'爱'的名义，纷纷扬扬四出为非作歹了。"

享有世界声誉的日本画家草间弥生曾说："艺术家不会崇拜别人，自己的作品才是最棒的，不自恋就无法创作。如果不决心做出最棒的作品，根本无法自称艺术家。"

草间弥生还说："如果不是一直在画画，自闭又敏感的我应该很早就自杀了。"

卓然不群的人必有强烈的自我意识，这种人定是"自恋"的。那耳喀索斯低头看到自己水中的倒影，以为这是水中的女神在偷窥他。他伏下身子去亲吻"她"，结果水面浮起一阵涟漪，过了好一会儿，"女神"才重新出现。那耳喀索斯疯狂地爱上了他眼中的这位"水中女神"，为了能一直看见"她"，那耳喀索斯只好静静地凝视着水面，不吃不喝，直到最后自己相思成疾，死在了河边。宙斯怜悯这个美丽的少年，令他的躯体化成一株美丽的水仙花。

然而，那耳喀索斯本身毕竟并不是一位诗人，他只看到自己的美貌，并愿意为之殉命，却没有纪德身上那种深刻的孤独感，要对抗虚无的世界、虚伪的道德，他试图让生命绽放出满枝繁花，最终却发现那仅仅是飞蛾扑火的壮烈悲凉。

纪德同时又是那种非常奇特的人，是那种能清晰地将爱、道德、品格、欲望等等这些原本错综复杂交织渗透在一起的精神，加以一一区分的人。这是个人的最高智慧，木心同样具备这一难能可贵的素质。

纪德曾说：通往天堂的门，窄得容不下两个人。但他又比谁都明白，如果拒绝那个曾经许诺永生的国度，人类同样面临着难以自我救赎的困境。

纪德也好，木心也好，同时又都是狡黠的，冷酷的。读遍木心所有的诗，文字中的隐喻，往往会一针见血地戳破了"自恋"这一道为自我保护而架起的温情脉脉的帷幕。

在《素履之往》中，木心曾写道："天堂的门很窄，一个人过不去，两个人反而挤过去了。"木心在这里不仅以"他人即天堂"来反对萨特提出的"他人即地狱"，而且他谈的不是宗教，也不是哲学，而是艺术和诗。

一个人是自己，两个人也是他自己。

纪德曾在序言的声明里说道："有些人在这书中只知看到，

或只承认看到对欲望与本能的颂赞。我认为这多少带点近视。在我，当我重展这书时，我所看到的，更是对贫乏真谛的阐发。我抛开其余一切，至今矢志所保留的仍是这一点。"这段话，似乎也是木心想对读者说的。尤其是下面这句：

"于'忘去自身'中完成自身最高的实现，完成幸福最大的要求与其无止境的期许。"

木心谈日本文化

木心去到纽约之后，初期曾常将新出版的书、中文报刊上发表的文章，寄送给彼时尚留在上海的小翁，再由他转送给个别朋友。不仅如此，还曾将当时尚没发表的文章，工整地誊写在文稿纸上，转送给上海的朋友。

其中有两篇论文手稿的复印件，都是小翁送达给我的。一是《动机与效果》，另一是《日本文化是一场了不起的误解》。那篇《动机与效果》我幸而保留下来，并在本书中详述，而《日本文化是一场了不起的误解》，忘了给了哪位朋友，此后也再没见到。

此文当时在朋友中争相转阅，甚为赞叹，一是钦佩木心的学识和文笔，另外木心也没有什么解释，当时我们还以为木心到了美国不久，居然还到日本去做讲演，出国不久的木心才华横溢，何等的辉煌，敬佩之心可想而知。

这篇文章留给我的印象特别深刻，长期以来不仅是我，其他朋友也一直以为这是木心在日本谈日本的文化，非同一般。

记得第一次到木心美术馆拜访，我还对馆里几位接待人员说起这事，但其中有一位却告诉我说："木心没有去过日本。"当时我觉得很奇怪，明明有他在日本的讲演么。

这篇木心在三十多年前就已完成的文章，最近才在网络上发现，十分欣喜。没去探求从哪里转载下来，何处何时发表。对我来说，能再见到这篇记忆深刻的木心文字，就已足够高兴。细读后才知道，当年我们对木心文字的风格并不深刻地了解。木心的远行不仅散步散到希腊、罗马、印度，而且还散步到日本。没体会到木心所说的："活着时，现实与梦还是有层薄薄的弄不破的区别。"

《日本文化是一场了不起的误解》近来发布后，据说在文字的细节上文学界有所争议，都将它当作一篇学术研究的论文来看待。但这些对我个人来说，并无关系。在我看来，这是木心三十多年前差点失落的奇文，全文至今值得分享：

初次到日本，一下飞机，被记者围住，我说了话：日本的文化，来自中国唐家废墟，是对中国文化的一种误解。第二天早晨看报，不得了！日本国朝野鼎沸，指斥我口吐狂言，是最不受欢迎的人。

看来我只好"不带走一片云彩"地悄悄地走了。然而日本人有柔之礼，刚之心，迅速组成了一个"欢迎会"，文质彬彬地请我出席——当然要辩论了。

会场颇大，颇优美。衮衮诸公，正襟危坐。记者如穿花蛱蝶，兴奋极了。主席先生鞠躬如也，我深深答礼。宾主坐定，镁光竟射我这个不大不小的众矢之的。

主席先生话毕，我开言：日本文化来自中国唐家废墟，是对中国文化的一种误解——误解得好！才有如此独特的日本风格出现。

和服之妙，在于取中国的宽博而化为便捷。袖、裙短了不少，短得明快，宜于行，宜于坐，宜于舞，别有一番闲闲雅雅的潇洒。中国的古服，就是因为拖泥带水，妨碍活动而被淘汰了。眼看日本人至今还穿着和服，摩登得很，可知这"截短"自有其远见卓识。

茶道之胜，在于氛围圣洁，情致幽玄。一系列程序井然的小动作，丝毫苟且不得，正附合"诗成于格律，而毁于自由"的道理，催眠似的引人明心见性。人的杂念本来自人的杂质，茶道作了澄清。世上澄清难持久，弥撒也不是只做一次。人能不时得茶之精灵的澄清，是人的能事了。

居室、器皿、餐具、玩物、小环境、大环境，日本一直能葆物质的本色：木、竹、石、纸……清清楚楚，天真相见——多谢日本，你们的偏爱是高明的，自然的本色，人的本色，够美了，不要借口现代文明而暴殄天物。精神世界和物质世界一样有着生态平衡的规律，违之也要受惩罚，至少是舍了本，逐了末，这又何苦来。

日本的庭院、书道、花道，一片生机，都是对外来文化的误解，我愿称之为"了不起的误解"。如果有人认为我故作逆论，应纠正为"对中国文化的创造性的引用"，我能接受这个说法吗？不接受。作为我的论点的注脚，我也不接受。

形成日本风格的因素是日本人的天性、气质，不是一时一人形成得了的。在形成之初之中，没有理论体系，没有皇家意志，没有权威人士在启示控制。当初毋庸讳言是想亦步亦趋，惟妙惟肖地传过唐家衣钵的，恰是步而斜，趋而逸，另有妙别有肖，给人画像画成了自画像。

矗立在空气中的浮屠与倒映在水中的浮屠，一浮屠也，而空气与水不同质，浮屠也就异了形。人的心目，更不是静水。日本人传导中国人的文化艺术，是在不知不觉中走了样，出了格。

凡是动机纯良，想理解而理解得不对，才叫误解，与恶意的曲解不可混淆。使我迷醉的乃是：日本人的天性气质的内在景观，怎样的内在肌理，内在纤维，才会把中国的风格徐徐转化为日本的风格。

西方人常会分不清，中国人日本人都一望而知，那是你们的，这是我们的。游乐场中的哈哈镜把人变为怪物，除了哈哈，别无兴味。如有一种镜子，把一个美人变成另一种美，似曾相识却又陌生新鲜，那我当然要买下这面魔镜。

日本的风格，一路来总叫我惊叹，越细心越能看出变法的神妙。左顾右盼，到处有这样的唐踪宋迹，就只在文学的方块汉字上，我忍俊不住，错得如此滑稽的用字，也难于查考始于谁手。

主席先生，请允许我说下去，日本在乱用汉文的同时，也保存了不少在中国倒反忘掉了、死掉了的文字。而且，近代的"西风"是经由扶桑岛而吹入支那大地的，"条件""影响"等词都来自日本，中国大得方便，谨此致谢，请多关照。

中国也曾有过对外来文化的高明的、了不起的误解，遗迹尚在云冈敦煌。那时，对印度、阿拉伯，甚至远远的希腊罗马，误解所及，全成了卓越的中国风格，而且是非同小可的伟大的风格。

可惜真不知怎么一来，鬼不使神不差，这种根源于中国人的醇厚秉赋的误解的本领失了传，泄了气，越来越乖巧伶俐，徇人之意——所以，当我看到日本对中国文化艺术的误解，是如此巨细不漏，中边俱透，

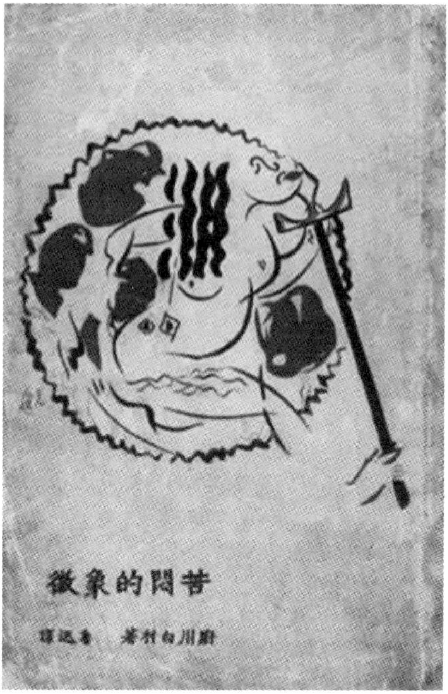

鲁迅译《苦闷的象征》

我不禁偏爱了你们的偏爱。

我想写一本书，在书未成时，抑制不住心中的快乐。我说出来了，日本文化是对中国文化的彻头彻尾的误解……谢谢主席先生，谢谢各位。

霎时满堂掌声——日本学者怎么用掌声来与我辩论？我醒在床上，阵雨叩窗，热、口渴、梦如人生。人到临死才可以说"人生如梦"，活着时，现实与梦还是有层薄薄的弄不破的区别。

这篇如同梦呓的文字，确实是典型的木心。在《文学回忆录》的第三十讲，有篇"中世纪日本文学"，日期是 1990 年 9 月 20 日。对照下来，木心的《日本文化是一场了不起的误解》，早于文学班的讲座。

在第三十讲里，木心说道：我是日本文艺的知音，知音，但不知心……

本人对日本的文化没有研究，对中世纪日本文学，不敢妄加评论。我只是有一种感受：记得当时我看到的手写稿上，题目的"误解"，好像是"误读"，而当时的我特别欣赏使用"误读"一词。总觉得"误读"比"误解"更有含义。"误读"有较多的主观的善意，"误解"则有较多的武断。

其实，我们对于木心的许多文字，似乎也存在很多"误读"和"误解"。木心之为木心，有他自身独特的谜。

木心谈日本文化

关于小泉八云，关于《苦闷的象征》

　　木心曾经同唐焘一样，都喜爱日本作家小泉八云，俩人聊起小泉八云津津有味。而我所读的小泉八云，也都是六十年代从唐焘那里借来的书。

　　木心当时对小泉八云有一句评论："看西方人怎么观察东方文化，与东方人怎么观察西方文化一样，都有异曲同工之妙。"在这一点上，木心喜欢小泉八云不是偶然的，而木心则有更大的穿透力。木心看待西方文学西方文化，与小泉八云一样，都有一种远视的洞察、化身、融化。木心《文学回忆录》里对西方文学的理解和领悟，确实同小泉八云有异曲同工之妙。

　　再看一下鲁迅对小泉八云的评价，也许更为明确："在中国的外人，译经书、子书的是有的，但很少有认真地将现在的文化生活——无论高低，总是文化生活——介绍给世界。有些学者，还要在载籍里竭力寻出食人风俗的证据来。这一层，日本比中国幸福得多了，他们常有外客将日本的好的东西宣扬出去，一面又将外国的好的东西，循循善诱地输运进来。在英文学方面，小泉八云便是其一，他的讲义，是多么简要清楚，为学生们设想。"

甚至辜鸿铭都这样评价小泉八云："许多人认为日本人缺乏德义，倘若仅以日本人法律上的文辞字面来看，或许可以这样说。但实际上日本国民在德行上非常卓越，因此欧洲人中，像拉夫卡迪奥·赫恩（即小泉八云）、阿诺德，以及法国学士院会员布里乌这样高尚的人物才能了解日本人的真品格。"

在我看来，胡适对小泉八云的评价，很合适对木心的评价："在历来到过东方的许多西洋观察家中，能和东方神契灵化的，只有现在所介绍的 Lafcadio Hearn（小泉八云英文名）了。他是对于西方的'东方的解释者'，他是从情绪方面解释东方，而不是单从物质方面解释的。所以到了后来，连他自己也东方化，变成了一个慈祥文秀的小泉八云了。"

木心对于西方文化的神契灵化，对西方文化的解释，与小泉八云和东方神契灵化、对东方的解释，反向异曲，同工之妙，都在木心的文字里得到最为奇妙的演绎。

在《文学回忆录》中，木心讲了"中世纪日本文学"，其实他对近现代的日本文学十分熟悉，不仅是小泉八云，印象更深的，应该是厨川白村及由鲁迅翻译的、对二十世纪三十年代中国文学界影响最大的《苦闷的象征》。

当时我们在上海所看到的版本，就是在四川北路旧书店买到的早期版《苦闷的象征》。

那次聊到日本文学时，大家一致欣赏厨川白村的观点，木心也不例外，欣赏该书封面设计的风格，牢记在《苦闷的象征》之中那些令当时包括鲁迅等在内的、绝大多数文学界名人深感震撼的段落。一提起书中那些已经失忆了的句子，赏不绝口。

鲁迅在《苦闷的象征》的引言中，有一个精当的评价，认为此书的立论："既异于科学家似的专断和哲学家似的玄虚，而且也并无一般文学论者的繁碎。"

傅雷在谈到翻译时曾说，深陷痛苦中的鲁迅发现了厨川白村，发现了厨川白村的文艺思想与自身的社会责任感存在某种共鸣，这促使他迅速地展开厨川白村著作的翻译工作。厨川白村主张文艺是苦闷的象征，人生来就经历方方面面的苦难，这样的苦又是无法抗拒、与生俱来的，因此在人的内心里苦难形成了巨大的动力——进行深刻的文艺创作的动力。对于这一观点，处在人生低潮期的鲁迅表示了极度赞同。木心并不例外。

"生命力受压抑而生的苦闷懊恼乃是文艺的根柢，而其表现法乃是广义的象征主义。"

"凡有一切文艺，古往今来，是无不在这样的意义上，用着象征主义的表现法的。"

"有如铁和石相击的地方就迸出火花，奔流给磐石挡住了的地方那飞沫就现出虹彩一样，两种的力一冲突，于是美丽的绚烂的人生的万花镜，生活的种种相就展开来了。"

"倘没有两种力相触相击的纠葛，则我们的生活，我们的存在，在根本上就失掉意义了。正因为有生的苦闷，也因为有战的苦痛，所以人生才有生的功效。"

等等这些厨川白村的观点，举不胜举。纵观木心的文字和绘画，总能在木心的一生中窥见《苦闷的象征》所说："在内有想要动弹的个性表现的欲望，而和这正相对，在外却有社会生活的束缚和强制不绝地压迫着。在两种的力之间，苦恼挣扎着的状态，就是人类生活。"

在《文学回忆录》中，木心仅在第六十一讲里一笔带过："做学术探讨，还得顺着弗洛伊德说讨论下去。弗洛伊德艺术是'本能宣泄说'，这是大家可以同意的。也可说是'苦闷的象征'。"

木心对弗洛伊德的学说有所批驳，确实很为精辟，有所超越，例如："最强烈的爱必含性欲，但最高贵的爱完全不涉性欲。古代'朋友'间的义气，虽死不辞，弗洛伊德该如何解释？"

尽管木心不提"苦闷的象征"的意义，他的文字实际上并没摆脱厨川白村的影响，或者说，无法摆脱"苦闷的象征"，但表现的方式却人人各不相同，木心行文的"天马行空"，正如鲁迅所认为的那样："解决文学表象化问题关键在于'天马行空'的'大精神'。"

尽管木心并不仰慕鲁迅，但对鲁迅仍有许多偏爱，有时不

278

加掩饰。木心曾说："读鲁迅、张爱玲，即使不尽认同，也总是'自己人'之感。"

"近当代，我最喜欢的还是鲁迅的文字，除了他的社会意义和历史意义，他的文字是非常美妙的。你可以不信宗教，但不妨碍你欣赏教堂。一个鲁迅，一个张爱玲，都是懂得调理文字的。"

木心欣赏鲁迅，也因他欣赏鲁迅肯定且提倡的："非有天马行空似的大精神即无大艺术的产生。"

远在 1935 年 3 月，在《〈中国新文化大系〉小说二集序》中，鲁迅评述女作家冯沅君的小说时指出："我并不是说：苦恼是艺术的渊源，为了艺术，应该使作家们永久陷在苦恼里。不过在彼兑菲（裴多菲）的时候，这话是有些真实的；在十年前的中国，这话也有些真实的。"在那个年代，几乎无一具有创造性的作家和诗人，有意识或无意识地逃脱厨川白村《苦闷的象征》的影响，而且这影响，延续到几代人的身上，木心似乎也不例外，只是隐藏得更深更唯美。

关于小泉八云，关于《苦闷的象征》

一颗掉落在外的青豆

孤独造就人，也可毁灭人，只有心灵上真正的强者，才能在孤独中坚守自我，超越自我，抵御外在世界的侵蚀和伤害。有一句话，忘了谁说的："你不够优秀，是因为你不够孤独。"若放在木心身上，正是恰如其分的反证："因为足够孤独，所以才优秀。"

有次同朋友喝了一点酒，灵感来了，写了一首短诗。当我去到木心那里，胆怯地拿出简陋的小本子给木心看。木心浏览了一下，片言只语说了几句，没有预期的赞誉，但指着其中一首说："这首蛮好，我比较喜欢。"

木心指的就是：

我宁可
像一颗青青的豆子，

孤零地掉落在外，

也不想挤到锅里，

被它煮黄煮烂。

　　木心当时并没有再多说什么，我也根本没去深思木心为什么喜欢那首。三十多年后的今天，忽然浮出了记忆的深层，当我准备写那篇《木心上海剪影》时，顿时觉得木心不也正是这颗青青的豆子吗？有时候，一首短小的诗会无意间穿越时空，显示它潜在的预言性与广义性。

　　这首小诗我后来曾给唐琹看，他也十分喜欢，颇有同感，并将原文要去收藏起来。若干年后我提起时，他找了出来，我问是否能还给我，他没答应。

　　细想下来，木心就是一颗宁可孤零地掉落在外的青豆，也不愿被浮世的大锅煮黄煮烂。我们其实都这样。这注定是一个自我的流放者、自觉的失败者、自我的欣赏者。自古以来，真正的失败者太多，自觉的失败者太少。世界一早就抛弃了木心，但他却始终在外，筑起灵魂的高墙来抵御世界，一生都在失落中小心翼翼地守护孤独的自己。

　　木心一生孤独，而且是实在的孤独。然而他却以自己独特的方式面对孤独，战胜孤独。在我看来，正是孤独，造就了木心。理解了木心的"孤独感"，才能理解孤独是怎样造就了木心。

　　对于木心，不仅如叔本华所说过的那样，"孤独，是和自己独处的学问"，而且是生命伊始直至终结中渗透的血液。

木心曾视尼采为自己"精神上的情人"，而尼采对于孤独的理解和论断，无疑影响了木心一生对待孤独的精神。不仅仅是"要么孤独，要么庸俗"，而且"只有当一个人独处的时候，他才可以完全成为自己。谁要是不热爱独处，他也就是不爱自由……在独处的时候，一个可怜虫就会感到自己的全部可怜之处，而一个具有思想丰富的人只会感觉到自己丰富的思想"。

木心在 1942 年的上海时，就初次读到张爱玲的散文，而张爱玲有一句最经典的名言，仅十二个字："孤独的人有他们自己的泥沼。"她的这种"孤独观"，比遥远的尼采更能贴近木心。无论哲学家们怎样描绘甚至美化孤独，但孤独毕竟是人生历程上的泥沼。

张爱玲是一位诚实的孤独者。"孤独的人有他们自己的泥沼。"而每位孤独者都在这泥沼中挣扎，悖论中生存。木心也不例外。

每个个人在本质上是孤独的，只有真正的智者才能接受这一事实，拥抱这一事实，但另一方面，人在本能上并不真正地喜欢孤独，而是抗拒孤独，恐惧孤独，逃避孤独。从某种意义上来说，这几乎是一个悖论。

一方面，正如尼采所说，"我最大的痛苦是孤独，这种孤独归因于个人无法与世界达成公识"，但在我看来，尼采这句也并不是最真实的。尽管你认为自己"个人无法与世界达成公识"，但在实际上，却又在违背，如果你彻底地认为"个人无法与世界达成公识"，那么你为什么还有那么多著作和言行？何必再同世界争论？

如何抗衡人生的孤独，又如何平衡人生的孤独，这不仅是叔本华所说过的那样，"孤独，是和自己独处的学问"，而是生命对于自身本质的观照。明白这一点，也就明白了为什么一生孤独的木心，却又偏偏并不孤独，用每个字来救赎自己。

晚年的木心为什么同朋友如此疏远？细想下来，实际上他的内心已绝然于世，甚至达到如苏轼在《与米元章书》中所言"亲友旷绝，亦未尝关念"之境地。木心的晚年尽可能摈弃一切旧有的记忆。

孤独不是抽象的词汇，是在漫长年月中的每时每刻承受与固守，仿佛一面在细声地听着时钟的滴答滴答，一面默默地注视着自己的血从静脉里一点一滴地流出。

木心的孤独在于他只与自己的灵魂做伴，那是一个既不让他人进入、他人也难以进入的自在自得的孤岛，唯有心境极简，才能与之适应。孤独之余，除了同他自身周旋之外，已经不再在意他人对自己的感觉，尽力在做生命的减法，清空自我，安顿自我。

木心与契诃夫的《打赌》

　　木心十分喜欢契诃夫的小说，而且喜欢汝龙先生翻译的版本，有时还能背出书中的几段文字。记得有一次我同永年在他那里聊起了契诃夫，木心背出了《带阁楼的房子》里的几句，且给予高度的评价："一个真正有修养的人，不是在宴会上不打翻碟子，而是看到别人打翻碟子的时候，装作没看见。"

　　忘了木心在《文学回忆录》哪一讲提到契诃夫的小说《打赌》，文中虽极为简略地一笔带过，但令我忆起木心当年对契诃夫这一短篇的欣赏，意味深长。

　　有一次木心到唐燕家来，那时朋友之间的做客看望是很随便的，没有任何客套。当年大家都喜欢契诃夫的小说集，聊起来也十分起劲。《打赌》这个动人的故事，木心讲得兴致勃勃，而唐燕则一边补充。

　　如今回忆起当时的情景，写到木心的时候，再读《打赌》，细想起来，不禁觉得木心对这篇小说情有独钟，不是偶然。

故事虽短，极有戏剧性，仿佛能在里面见到一个投影。

一位银行家同一位年轻的律师从是否支持死刑的话题争起，直到最后，俩人打赌。

年轻律师认为："不论死刑还是无期徒刑都是不道德的，不过如果要我在死刑和无期徒刑中作一选择，那么我当然选择后者。活着总比死了好。"

银行家对着年轻的律师嚷道："这话不对！我用两百万打赌，您在囚室里坐不了五年！"

年轻律师居然回答说："如果这话当真，那我也打赌，我不是坐五年，而是十五年。"

"十五年？行！"银行家喊道，"诸位先生，我下两百万赌注。"

"我同意！您下两百万赌注，我用我的自由作赌注！"律师说。

就这样，这个野蛮而荒唐的打赌算成立了！

当时决定，律师必须搬到银行家后花园里的一间小屋里住，在最严格的监视下过完他的监禁生活。规定在十五年间他无权跨出门槛、看见活人、听见人声、收到信件和报纸。允许他有一样乐器，可以读书、写信、喝酒和抽烟。跟外界的联系，根据契约，他只能通过一个为此特设的小窗口进行，而且不许说话。他需要的东西，如书、乐谱、酒等等，他可以写在纸条上，要多少给多少，但只能通过窗口。契约规定了种种条款和细节，保证监禁做到严格的隔离，规定律师必须坐满十五年，即从 1870 年 11 月 14 日 12 时起至 1885 年 11 月 14 日 12 时止。律师一方任何违反契约的企图，哪怕在规定期限之前早走两分钟，即可解除银行家支付他两百万的义务。

十五年内，律师读了无数书籍，其中《福音书》读的时间最长，遍数最多。在此漫长的期间里，他的一切行为都履行了当初的诺言。

十五年到期前的最后一天，即将失去赌注，老银行家悔之莫及，痛心不已，悄悄地来到小屋。

"如果我有足够的勇气实现我的意图，"老人想，"那么嫌疑首先会落在看门人身上。"他在黑暗中摸索着台阶和门，进了小屋的前室，随后摸黑进了不大的过道，划了一根火柴。这里一个人也没有。有一张床，但床上没有被子，角落里有个黑乎乎的铁炉。囚徒房门上的封条完整无缺。

悄悄地进了囚室，银行家只见到那位年已四十的律师如骷髅般睡着，头发早已灰白。他入睡了……桌子上，在他垂下的头前有一张纸，上面写着密密麻麻的字。

"可怜的人！"银行家想道，"他睡着了，大概正梦见那两百万呢！只要我抱起这个半死不活的人，把他扔到床上，用枕头闷住他的头，稍稍压一下，那么事后连最仔细的医检也找不出横死的迹象。不过，让我先来看看他写了什么……"

银行家拿起桌上的纸，读到下面的文字：

木心与契诃夫的《打赌》

287

明天 12 点我将获得自由，获得跟人交往的权利。不过，在我离开这个房间、见到太阳之前，我认为有必要对您说几句话。凭着清白的良心，面对注视我的上帝，我向您声明：我蔑视自由、生命、健康，蔑视你们的书里称之为人间幸福的一切。

十五年来，我潜心研究人间的生活。的确，我看不见天地和人们，但在你们的书里我喝着香醇的美酒，我唱歌，在树林里追逐鹿群和野猪，和女人谈情说爱……由你们天才的诗人凭借神来之笔创造出的无数美女，轻盈得犹如白云，夜里常常来探访我，对我小声讲述着神奇的故事，听得我神迷心醉。在你们的书里，我攀登上艾尔布鲁士和勃朗峰的顶巅，从那里观看早晨的日出，观看如血的晚霞如何染红了天空、海洋和林立的山峰。我站在那里，看到在我的上空雷电如何劈开乌云，像人蛇般游弋；我看到绿色的森林、原野、河流、湖泊、城市，听到塞壬的歌唱和牧笛的吹奏；我甚至触摸过美丽的魔鬼的翅膀，它们飞来居然跟我谈论上帝……在你们的书我也坠入过无底的深渊，我创造奇迹，行凶杀人，烧毁城市，宣扬新的宗教，征服了无数王国……

你们的书给了我智慧。不倦的人类思想千百年来所创造的一切，如今浓缩成一团，藏在我的头颅里。

我知道我比你们所有的人都聪明。

我也蔑视你们的书，蔑视人间的各种幸福和智慧。一切都微不足道，转瞬即逝，虚幻莫测，不足为信，有如海市蜃楼。虽然你们骄傲、聪明而美丽，然而死亡会把你们彻底消灭，就像消灭地窖里的耗子一样，而你们的子孙后代，你们的历史，你们的不朽天才，将随着地球一起或者冻结成冰，或者烧毁。

你们丧失理智，走上邪道。你们把谎言当成真理，把丑看作美，如果由于某种环境，苹果树和橙树上不结果实，却忽然长出蛤蟆和蜥蜴，或者玫瑰花发出马的汗味，你们会感到奇怪；同样，我对你们这些宁愿舍弃天国来换取人世的人也感到奇怪。我不想了解你们。

为了用行动向你们表明我蔑视你们赖以生活的一切，我放弃那两百万，虽说我曾经对它像对天堂一样梦寐以求，可是现在我蔑视它。为了放弃这一权利，我决定在规定期限之前五个小时离开这里，从而违反契约……

第二天早晨，看守人跑来告诉银行家看到小屋里的人爬出窗子，进了花园，往大门走去，后来就不知去向了。银行家带领仆人立即赶到小屋，证实囚徒确实跑掉了。

小说纯属虚构，然而艺术的真实却往往超出现实。没人乐

木心与契诃夫的《打赌》

289

意成为囚徒，没人自愿地走进囚室，也没人会赞美囚禁，但能对囚室和囚徒的心理情结如此超越、升华，并非常人所能达到。

毕竟极少人有过囚徒和囚室的经历，但又有多少人虽然处于自由，处于那位律师所蔑视的"自由"，实际上却真正处于囚室之中？

真正自由的心灵，不是囚室所能摧毁，反之却能获得真正的自由。也许，这正是木心在契诃夫这篇小说里看到了自我的投影，所以会特别地欣赏。

写给自己的信：木心印象录

木心从不轻易在他人面前直白地表露自己，一旦流露出来，那种坦白，到了透明的地步，如果你不留心，不能体会，他就从你面前溜走。

有时当他认真地对你说一个故事，这时你最好不要只是听一个故事，很可能他在说自己，里面往往有他真实的自我，只不过将自己狡黠地躲在里面。

有一次，永年和我一起去看木心，轮到我给他看几首最近的小诗，诉说的都是什么孤独呀爱呀的，虽然年轻的我十分刻意和用心，其实也就如辛弃疾所说的那样："少年不识愁滋味，爱上层楼。爱上层楼。为赋新词强说愁。"

木心并不喜欢，而且尖刻地批评我说："侬总归拿自己的诗写在额骨头上，一目了然，就怕别人看不到。"

"一个人真的孤独了，就啥也不想讲，也不会讲给别人听。"

木心补充了一句。

他还再加上几句："唐泰讲你像堂·吉诃德，我看侬这个堂·吉诃德写起诗来，像是赤膊上阵。不管怎样，堂·吉诃德还是披着一件破盔甲，多少还能挡几下。侬呢，赤了个膊，一上去就打得血淋带底，有啥用场？躲也躲不脱。"

这几句我印象很为深刻，此后也常会记住。现在回想起来，木心这样讲，也就是讲了他自己。"呈现艺术，退隐艺术家。"这句引用福楼拜的话，如今已被人们广为熟悉，但这一意识，木心其实早就具有，只是当时没有直白地表达而已。

有时他会说一段故事，看上去很不经意，细细想来，其中深藏蕴意，不可多得。如果他没说这个故事是哪里来的，而且你也从没在哪里看到，往往很可能就是他自己的：

有个年轻人，没有朋友，没有所爱的人，没有爱他的人，没人理解他，他也不想让人来理解。这种孤寂让他感到窒息，但他又不想改变，不想打破这种孤寂而又平静的生活。他被外界所遗忘，他也想遗忘这个世界。他跟时代，隔着一条看不见的沟。每到圣诞节的时候，他看到邮差忙碌地给每家每户送发朋友或亲人间的贺卡、礼物，四周一片欢乐的气氛。他知道没有人爱他，没人会记得他，他家连个信箱和门铃都没有，一切都已经习惯了，也不在乎。但是有一次，当他躺在床上的时候，忽然拿起笔和纸，写了一封充满爱意温馨的信，然后走出门外，特意找到一个离开住处很远很远的邮局，信封上收信人的地址和姓名，是他自己，然后小心翼翼地投进了邮箱。

睡到第二天下午，醒来睁眼一看，房门底下有人塞进了一封信。收信人就是他自己。

他还是将信封拆开，看到了自己所写的那些字句，心底一阵感动，那种窒息的孤独感顿时消失了。他知道，在这世界上有人爱他，那就是他自己……

如今木心的那句："日记，是写给自己的信，信呢，是写给别人的日记。"已为大多读者们所熟悉和欣赏，而对我来说，却早已听他讲过，而且不止一次。

不仅对于诗词，凡是文字，从里到外，木心都讲究到苛刻的地步。例如前面曾述到对唐焘写给他的古体诗中一个字，引经据典，反复斟酌，俩人会争论半天，可见一斑。

与此同时，凡是将自己的文字给木心看，向他请教，一般来说木心多是赞誉，多加鼓励。另一则是近于苛求，不留余地，一字一句，严峻的批评可以让你怀疑人生。

至于对我的那些青涩小诗，除了不喜欢那种所谓的朦胧体，木心还不放过每字每句。给我印象最深的是，他认为，每一行诗里不能出现重复的字，每个字的形都要讲究，读音也要顺畅流利，有起有伏。总之，写一首诗，要像画一幅画，作一首曲子那样严谨。

读了那么多木心写的诗，那种爱浓烈得化不开。谁也不知道这些诗木心是写给谁。

木心说，有一次他参加一个酒会，一个印度人跑过来拍拍他说：先生不得了！我在新德里住了这么多年，对新德里的观察还不如你的旅游所见。木心说，当时他恨不得地下有个洞可以钻进去，或者旁边有人叫他赶快走。事实上，他根本没有去过印度。

有人称赞木心的《恒河·莲花·姐妹》写印度写得非常好，拉着木心非要和他谈谈印度，天知道作者根本没去过印度。又有人说木心的《上海赋》，比上海人写得还地道，木心汗颜，他只是在上海读过几年书。

木心的诗，写了那么多爱情，小说又常常以第一人称来写，一生身份变幻，爱人不断，甚而有读者写信来追问个中究竟。

木心写过很多国家，很多世界名胜古迹，巴黎、法兰克福、伊斯坦布尔、苏门答腊和东京淫祠等，似乎他是个周游世界的旅行家，津津有味，煞有介事，但陈丹青说，其实木心根本没去过那么多国家。

纪德在《地粮》的引言里，似乎解答了很多的木心："我率直地，不加矫饰地把我自己放入在这书中；而如果我在书中有时所谈到的国土，我自己不曾见过；香味，我自己不曾闻

294

过；行动，我自己不曾犯过——或是，我的奈带奈蔼，你自己，我还不曾遇到过——这一切绝非出于虚伪，而这一切也不是谎言，正像念这书的你，我因不知你的真名，才事前给你代取奈带奈蔼这名字一样。""其实，我很可以以'美那尔克'命名，但美那尔克，和你自己一样，从不曾存在过。能加诸这书的唯一的人名是我自己的名字……"

去年我整理自己的旧物，其中有很多年轻时写的诗，有几首单独抄写在随手拿到的纸上。其中有一首，也给木心看过。我不知为什么会保存下来，大约是因为实在不舍得扔掉。相隔数十年，再看，几乎不相信是自己写的，而且相信再也写不出，看得自己都有些感动。看到这首旧诗，顿时想起了木心写的那么多诗，相信了一个人写给自己的信和诗，是完全真实的。诗中所爱的人，现实中并不存在，完全是自己虚拟的臆想。唯其如此，反而能写得最真切，最纯粹。一落到现实，就会变俗，变成一堆看似动人的辞藻。

几乎谁都知道，木心一生未婚，也没任何文字信息透露过他的恋爱。但是，关于爱和情，木心又写出了那么多美不可言的诗句，这不免会使许多读者迷惑、揣想，但这些揣测都是多余的。读木心写那些诗，其中有好多就是这样。诗就是诗，艺术就是艺术。正如木心自己所说的那样："人生和艺术，要捏得拢，要分得开。能捏拢、分开，人生、艺术，两者就成熟了。"

写给自己的信：木心印象录

关于这些，木心其实已经说得很清楚很坦率了。

"我觉得人只有一生是很寒伧的，如果能二生三生同时进行那该多好，于是兴起'分身''化身'的欲望，便以写小说来满足这种欲望。我偏好以'第一人称'经营小说，就在于那些'我'可由我仲裁、作主。袋子是假的，袋子里的东西是真的，某些读者和编辑以为小说中的'我'便是作者本人，那就相信袋子是真的，当袋子是真的时，袋子里的东西都是假的了。"

数十年后，我看到木心这段话，就会想起他说的故事。

纪德在 1927 年的《地粮》再版序言中有一段声明："我并不使自己止于此书。我所描绘的这种飘忽与随机的状态，我只画下其中的轮廓，正像小说家画下他主人公的轮廓，而这主人公虽然跟作者有相似之处，却只是作者自己想象的产物。即在今日我仍感到，当我画下这轮廓时我必先使它与我自己分离，或者也可说，先使我自己与它分离。"

纪德在序言中还有一句："'忘去自身'中完成自身最高的实现。"

读懂木心，不可不读纪德的这段自述。

跋

　　上海和纽约这两大时期相比之下，纽约时期木心的生活轨迹相对来说显得平静，明晰，放松，自在。若要画幅肖像，线条比较容易把握，而上海时期的轨迹，千丝万缕，纷繁复杂，可谓剪不断，理还乱。对比之下：

　　前者的木心时乖命桀，动荡不安，茕茕孑立，踽踽独行，后者平静沉淀，厚积薄发；前者韬光养晦，深藏不露，困兽犹斗，文字秘不示人，后者辗转奋搏，自强不息，突围而出；前者的木心严峻、正经、内敛，不苟言笑，后者的木心放松、自如、显隐，救赎中超越。

　　木心一生众多作品，无论文字的或绘画的，已经或尚没出版的，上海时期是它们的待产期、怀胎期，而纽约时期，则是它们的分娩期，两者无法分离隔断。

　　然而在绝大多读者们的心目中，前者的上海时期却是一大片空白。不用说当木心的文章首发在台湾地区的时候，台湾地区的文学界为此惊艳，当木心在台湾地区出版的作品流传到大陆，上海的文学界也一片惊呼，犹如横空出世。作家们也好，读者们也好，同时感叹一个木心，突然出现的木心。

出于时空隔断的种种因素，木心在纽约时，极少提及上海时期的种种往事，更少提及那个时期的上海朋友。即使偶有披露，也语焉不详，只能在形同密码的文言手稿、诗词资料中找到蛛丝马迹，连相处二十几年的陈丹青也难以辨认。

然而正是上海时期，恰恰是木心同朋友之间交往最频、饮酒聚餐最多、恩恩怨怨或推心置腹甚而深夜密谈或手书墨笔互赠诗词最多的时期。

若不能同时将木心放到上海时期的背景中去探索，那么多维地勾勒出一位真实的、完整的木心，从中发掘出时代的缩影和文化的价值，是比较难的。

尽管上海、纽约这两大时期的木心在时空上被隔断开来，似乎神龙见尾不见首，但是，一旦将这两大时期联接起来，就较能完整地理解木心，接近木心，看到从前的木心。

铁戈

木心与纽约文学班学员合影（木心美术馆提供）

纽约岁月之印记（木心美术馆提供）

晚年木心（木心美术馆提供）

木心遗物（木心美术馆提供）